Ursula Meert · Dem Leben entgegen

Ursula Meert

Dem Leben entgegen

Mein Weg im Wechsel der Impulse

public book media verlag

FRANKFURT A/M ✳ LONDON ✳ NEW YORK

Die neue Literatur, die – in Erinnerung an die Zusammenarbeit Heinrich Heines und Annette von Droste-Hülshoffs mit der Herausgeberin Elise von Hohenhausen – ein Wagnis ist, steht im Mittelpunkt der Verlagsarbeit. Das Lektorat nimmt daher Manuskripte an, um deren Einsendung das gebildete Publikum gebeten wird.

Bibliografische Information der Deutschen Nationalbibliothek
Die Deutsche Nationalbibliothek verzeichnet diese Publikation in der Deutschen Nationalbibliografie; detaillierte bibliografische Daten sind im Internet abrufbar über http://dnb.d-nb.de.

Titelbild: Ursula Meert

Websites der Verlagshäuser der Frankfurter Verlagsgruppe:

www.frankfurter-verlagsgruppe.de
www.frankfurter-literaturverlag.de
www.frankfurter-taschenbuchverlag.de
www.publicbookmedia.de
www.august-von-goethe-literaturverlag.de
www.fouque-literaturverlag.de
www.weimarer-schiller-presse.de
www.deutsche-hochschulschriften.de
www.deutsche-bibliothek-der-wissenschaften.de
www.haensel-hohenhausen.de
www.prinz-von-hohenzollern-emden.de

Gedruckt auf säurefreiem, alterungsbeständigem Papier, hergestellt aus chlorfrei gebleichtem Zellstoff (TcF-Norm).

Printed in Germany

ISBN 978-3-86369-291-9

Ein Unternehmen der
FRANKFURTER VERLAGSGRUPPE
AKTIENGESELLSCHAFT
In der Straße des Goethehauses/Großer Hirschgraben 15
D-60311 Frankfurt a/M
Tel. 069-40-894-0 • Fax 069-40-894-194
E-Mail lektorat@frankfurter-literaturverlag.de

Widmung

Ich möchte diese, meine Lebenserinnerungen für meine Kinder, Enkel, Urenkel und vielleicht auch für Menschen, denen ich damit etwas vermitteln kann, erzählen. – Ich schreibe aus meinem Herzen!

Inhalt

Mut als Antwort auf das Leben

Vorwort

Diese Erinnerungen sind von der ersten bis zur letzten Seite ein bemerkenswertes Zeugnis über ein außergewöhnliches Leben. Es entfaltet sich für den Leser eine Lebensgeschichte, die von tragischen Schicksalsschlägen und dramatischen Wendungen geprägt ist und als Leser dieser Erinnerungen ertappt man sich während der Lektüre dabei, dass man diese Aufzeichnungen einige Male aus der Hand legen, inne halten muss und sich fragt: Wie viel kann ein Mensch in seinem Leben an Niederschlägen, leidvollen Erfahrungen, Verlusten und schmerzlichen Begebenheiten ertragen, ohne daran zu zerbrechen?

Die Autorin Ursula Meert musste in ihrem ereignisreichen Leben viele leidvolle Momente überstehen und etliche Bürden auf ihren Schultern tragen und ist dabei immer wieder weitergegangen - eben „dem Leben entgegen". Nicht immer hat sie die Wahl gehabt, welchen Weg sie gehen will. Das Leben hat ihr diese Entscheidungsfreiheit nicht immer verfügt, die äußeren Umstände haben sie mit dem Rücken an die Wand gedrängt oder sie zu Fall bringen wollen, aber mit einer ihr ganz eigenen Haltung zum Leben hat sie immer in ihre Spur zurückgefunden.

Zur Sprache kommen private und persönliche Schicksalsschläge, die in eine Zeit eingebettet sind, die ans Ganze, ans Überleben, ging: Krieg und Nachkriegszeit. Für Angehörige jüngerer Generationen, wie dem Verfasser dieses Vorworts, der glücklicherweise das Leben ausschließlich als Ausdruck von Frieden, Freiheit und materieller Sicherheit kennt, ist es schwer vorzustellen, welchen Mut Ursula Meert als junge, alleinstehende Mutter zweier kleiner Söhne auf sich genommen hat, welche Energie sie antrieb, um 1953 auf ein Schiff zu steigen und sich auf eine Reise nach Kanada zu begeben. Sie wollte mit diesem Aufbruch ihrem Mann folgen und den Kindern das Aufwachsen in einer intakten Familie ermöglichen. Als sie sich eingestehen musste, dass sich der Wunsch nach einem Zusammenleben nicht verwirklichen lässt und sie wiederum die Reise zurück nach Europa wird antreten müssen, sorgt diese Enttäuschung für eine Verwundung, aber Ursula Meert übersteht auch diese und sortiert sich, ihre Existenz und ihre Pläne neu.

Sie bleibt nicht stehen, gibt sich nicht dem Gram über das Scheitern ihrer ersten Ehe hin, sondern geht dem Leben weiter mutig „entgegen". Auf ihrem Lebensweg begegnen ihr neue Lebenspartner, neue familiäre Bindungen entstehen, Kinder kommen hinzu, berufliche Herausforderungen und ehrenamtliches Engagement ergeben sich und doch gibt es in diesen Jahren und Jahrzehnten Situationen, die Ursula Meert ganz auf sich zurückwerfen, in denen sie auf sich und ihre Werte gestellt sein wird. Diesen Erschütterungen, finanziellen Nöten oder existentiellen Sorgen stellt sie sich, indem sie sie annimmt, aber sie lässt ihnen nicht die Oberhand. Sie bleibt sich und ihrer grundsätzlich optimistischen und offenen Einstellung zum Leben treu.

Das eigene Leben nach außen zu wenden, indem man es schriftlich niederlegt, und einen Leser, diese unbekannte, fremde Gestalt, daran teilhaben lässt, erfordert Mut. Denn der Autor gewährt Einblick in seine Gedanken, seine Einstellungen und vielmehr noch – in seine Seele.

Bei Ursula Meert kann man das Veröffentlichen ihrer Lebenserinnerungen als folgerichtige Konsequenz ihres mutigen Lebens betrachten, denn dieser Charakterzug, dieser Wille, dem Leben standzuhalten, der gepaart ist mit der tiefen Hoffnung, dass jeder Tunnel wieder ans Licht führen muss, hat sie ihr Leben gestalten lassen. Und daher ist diese Autobiographie auch kein Dokument des Selbstmitleids oder des Lamentos. Anstatt sich dem Bedauern über die Widrigkeiten hinzugeben, plädieren diese persönlichen

Erinnerungen dafür, das Leben als Lernprozess zu begreifen und sich den Neuanfängen und Wegen ins Ungewisse, den Brüchen und Tiefschlägen, die den Menschen ereilen, couragiert und bewusst zu stellen. Diese Lebenserinnerungen sind ein Buch, das uns Lesern Mut macht und uns hoffnungsfrohe Auswege aus individuellen Notlagen erkennen lässt.

Als Ursula Meert sich zum Publizieren ihrer Lebenserinnerungen entscheidet, ist sie im 92. Lebensjahr. Gespannt wartet sie, welchen Weg ihr Buch gehen wird. Sie bejaht diesen neuen Abschnitt, den ihr das Leben ermöglicht und der letztlich nur eine weitere Etappe einer ereignisreichen Biographie markiert.

Dr. Matthias Deußer
Frankfurt/Main, im Sommer 2016

Kapitel 1

Kindheit: Tränen, Sehnsüchte, Wut – Warum ist das alles so?

Traurig, verlassen, hilflos, wie ein aus dem Nest gefallenes Vögelchen, so sitze ich als Vierjährige auf den Stufen meines Elternhauses. Ich habe große Angst!

Bisher war alles so schön, wir hatten drei große Gärten am Haus, einen Blumengarten, einen Gemüsegarten und einen Spielgarten für uns Kinder, denn ich habe zwei Schwestern, sie sind acht und vier Jahre älter als ich.

Mein Vater war ein Hobbygärtner, ich ging gerne zu ihm in seine Gärten, keiner sonst durfte hinein, weil er seine Beete ganz besonders ordentlich pflegte. Die Ränder z.B. mussten mit der Harke geklopft werden, damit sie mit den Rillen eine schöne Umrandung hatten. Ordnung und Disziplin waren die Leitsätze meines Vaters, als Offizier lebte er uns das vor. Ich gab mir große Mühe, so durfte ich Blumen säen, Gemüse pflanzen, mich mit der Erde beschäftigen. Im Spielgarten konnten wir Kinder springen und toben. So waren meine ersten Kinderjahre fröhlich und unbeschwert.

Dann aber kam die Zeit, als meine Mutter immer trauriger wurde, sie weinte so viel, jeden Tag, bis sie eines Tages für lange Zeit in ein Krankenhaus musste. –

Meine bange Frage, wie lange?

Eines Tages ging mein Vater mit uns in das Krankenhaus, um meine Mutter zu besuchen. Ich schaute sie mit großen Augen an, sie war ganz verändert, nervös, unruhig und sehr traurig.

Zu Hause war meine Mutter sehr liebevoll, allerdings mussten wir uns immer gut benehmen. Ganz besonders bei Oma, Opa und Tante Cläre, wenn wir Sonntagnachmittags mit dem Mercedes-Automobil von Opa spazieren fuhren. Jedes Mal gingen wir in ein Gartenlokal, da gab es Kaffee und Kuchen, ich bekam immer ein großes Stück Sandkuchen. Aber meine Mutter konnte nicht mehr fröhlich sein. Meine Eltern hatten oft Streit wegen des Geldes, der Mitgift meiner Mutter. Vater hatte eine Leidenschaft, er verspielte jeden Sonntag beim Pferderennen viel Geld in der Hoffnung, einmal einen großen Gewinn zu machen.

Es vergingen Jahre, meine Mutter kam aus dem Krankenhaus nicht wieder, trotzdem sie meinen Vater so verzweifelt gebettelt hatte: „Bitte, bitte hol mich hier raus, hier gehe ich zu Grunde!" Wie oft sagte ich zu meinem Vater: „Du holst doch Mutti wieder nach Hause?" Er hatte immer nur ein ernstes Kopfschütteln. Ich habe das nicht verstanden, immer stand ich dann hilflos, mit Tränen in den Augen da, meine Sehnsucht nach meiner Mutter wurde immer größer!

Mein kindliches Denken wollte einfach nicht glauben, dass man über meine Mutter so verfügen und bestimmen kann.

Erst heute erkenne ich, dass sich wahrscheinlich hieraus in mir eine starke lebenskämpfende Energie entwickelte. Diese wurde auch mehrfach in meinem Leben auf die Probe gestellt.

Im sechsten Lebensjahr ging ich in die Vorstufe vom Gymnasium, wo meine Schwestern auch waren. Ich wurde ein sehr in sich gekehrtes Kind und hatte vor vielen Dingen Angst. Ich wusste nichts von Gut und Böse oder richtig und falsch. Mein Vater hatte keine Zeit, so war ich sehr allein, immer wieder wollte ich in das Krankenhaus zu meiner Mutter, aber ich durfte nicht.

Manchmal kam Vater abends in unser Kinderzimmer, setzte sich auf die Bettkante und erzählte Geschichten. Meistens vom 1. Weltkrieg, was die Soldaten alles aushalten mussten. Ich hing an seinen Lippen, so spannend war es, aber ich bekam auch große Angst.

Besonders gerne habe ich mit ihm abends an unserem großen runden Tisch, mit der schönen Fransenlampe darüber, Karten gespielt, manchmal durfte ich da ein bisschen frech sein. Mein Vater machte

Spaß, legte oft eine Karte auf seinen Kopf, er hatte eine Glatze, das war lustig und komisch, dabei konnte ich auch mal lachen und fröhlich sein. Dabei merkte ich, dass er mich doch ein klein wenig lieb hat, ich war ja die Kleinste und wahrscheinlich meiner Mutter sehr ähnlich.

Eines Morgens änderte sich schlagartig unser Leben! Die Tür zu unserem Kinderzimmer ging auf, wir lagen noch in den Betten. Vater kam mit einer fremden Frau herein und sagte: „Das ist jetzt eure neue Mutter!" Die fremde Frau kam auf mich zu und wollte mich küssen. Das konnte ich nicht aushalten, ich machte mich ganz steif und rief: „Wieso eine neue Mutter, wo ist unsere richtige Mutti?" Ich weinte und weinte und konnte nicht aufhören. Diese fremde Frau sollten wir Li nennen, oder besser Mutti sagen. Ich konnte beides nicht, sie schaute mich erstaunt an und dann fing sie ganz laut an zu lachen.

Es war wohl eine entscheidende Stunde meiner Kindheit. So bin ich ein schwieriges Kind geworden, denn ich wurde immer verschlossener. Diese Frau war für mich ein Eindringling, ich lehnte mich innerlich gegen sie auf, äußerlich war ich ein braves Kind. Li war unruhig und hektisch, sie redete manchmal ununterbrochen, da fühlte ich mich noch einsamer.

So vergingen die Jahre, ich wurde von Li vom Gymnasium in die Volksschule umgeschult, sie meinte: „Als Mädchen brauchst du nicht so viel zu wissen, du lernst besser die Hausarbeit." In der Schule war ich nicht gut und nicht schlecht, hatte auch nicht viel Lust zu lernen, mein Lieblingsfach war Musik und Gesang.

Ich fühlte mich inzwischen so allein, dass ich nur alles tat, um Li zu gefallen. Ich stand früh auf, brachte ihr Frühstück ans Bett, räumte die Wohnung auf, so buhlte ich um ein bisschen Liebe. Aber sie war immer kalt und abweisend zu mir, sie sagte:

„Du bist ein Krebs, du wirst immer in deinem Leben rückwärtsgehen!"

Das war so schlimm für mich, dass ich mein Leben lang mit Minderwertigkeitskomplexen zu kämpfen hatte.

Einmal hatte mein Vater wieder Gäste geladen, wir gehörten zu der sogenannten gehobenen Gesellschaft. Wir Kinder waren schon größer und durften dabei sein. Bei einem Gesellschaftsspiel sollte jeder einen Spruch auf einen Zettel schreiben. Ich schrieb: „Reden ist Silber, Schweigen ist Gold" und dachte, es wäre ein guter Spruch, aber scheinbar doch nicht, denn Li bekam einen Wutanfall.

Eines Tages sagte mein Vater zu uns, dass unsere Mutter unheilbar krank sei und sie nie wieder gesund werden könne, er hat deshalb die Scheidung eingereicht und wollte Li heiraten. Ich war entsetzt, zog mich zurück und sagte kein Wort dazu.

Eine Ahnung zog in mir auf, ich dachte an das Erlebnis in meiner Zeit als Kleinkind, als meine Mutter auf die Knie fiel und meinen Vater anflehte, wieder nach Hause zu dürfen. Ich war ja nun schon größer geworden und immer wieder fühlte ich, wie traurig sie wohl war, und dass es ihr nicht gut gehen kann. Noch immer war in mir eine kleine Hoffnung, dass meine Mutter wieder gesund werden würde, und dass sie nach Hause kommen kann. Nun aber ist es unumstößlich wahr geworden, dass sie aus dieser Nervenanstalt nicht mehr heraus kam, mir wurde klar und dachte, „Mutti, ich werde dich nie wieder sehen!" Meine Seele weinte.

So kam der Tag, dass mein Vater Li heiratete, ich kann mich an diesen Tag nicht erinnern, er war nicht so wichtig für mich. Aber etwas Schreckliches ist dabei passiert! Meine Tante Cläre, die Schwester meiner Mutter, war auf meinen Vater sehr böse. Sie liebte ihre Schwester sehr und war mit der Hochzeit meines Vaters mit Li nicht einverstanden. Deshalb ließ sie alle unsere schönen Möbel abholen, sie gehörten ja meiner Mutter. Meine Tante stand auf der anderen Straßenseite und kontrollierte, ob alles richtig abtransportiert wurde.

Ich musste Bier holen für die Möbelträger. Li hat mir verboten, Tante Cläre zu grüßen. Weinend rannte ich an ihr vorbei, ich mochte sie so sehr, sie hatte mir einmal einen großen Teddybär geschenkt.

Was für ein schrecklicher Tag, unsere Wohnung fast leer, die schönen geschnitzten Eichenmöbel, das Meißner Porzellan, das ganze Silber, alles war nicht mehr da! Dann kam ein anderer Möbelwagen, Li brachte ihre Möbel, sie waren nicht schön, alles war mir fremd.

Meine große Schwester Anneliese hatte zu dieser Zeit das Elternhaus verlassen, sie war schon erwachsen und in der Ausbildung als Krankenschwester. Ganz selten kam sie nach Hause, wir hatten den Kontakt zueinander verloren. Meine vier Jahre ältere Schwester Christa war gleichaltrig mit der Tochter von Li aus ihrer ersten Ehe. Die beiden waren Freundinnen geworden, Li verwöhnte sie sehr, ich fühlte mich immer beiseitegeschoben.

Wir wohnten in Breslau/Schlesien, mein Vater wurde 1936 nach Wiesbaden versetzt. Ich war damals 13 Jahre alt und hatte das siebte Schuljahr noch nicht beendet. Li meinte, ich bräuchte nicht weiter zur Schule gehen, sie meldete mich in der Haushaltsschule an. Mir war das damals ziemlich egal, mein Wunsch war immer Sängerin zu werden. Ich hatte eine sehr schöne Sopranstimme. So schwärmte ich für alle großen Sänger und Sängerinnen, vor allem für die große Sängerin Erna Sack, sie sang den Frühlingsstimmenwalzer, mit wunderbarer Leichtigkeit.

In Wiesbaden wohnte im Hinterhof eine ältere Frau, ich besuchte sie sehr gerne. Auf ihrem Plüschsofa und Sessel waren lauter schöne gehäkelte Deckchen. Sie zeigte mir das Häkeln und ich konnte es schnell, so saß ich stundenlang bei ihr, es entstanden lauter unterschiedliche kleine Deckchen.

Eines Tages wollte ich ein großes Geschenk häkeln. Es sollte zu Weihnachten für Li eine große runde Decke für den Wohnzimmertisch werden. Ich suchte eine Rosenvorlage aus und ging an die

Arbeit. Die liebe, alte Frau zeigte mir immer wieder, wie man das Muster auszählt und richtig häkelt. Ich hatte die Arbeit unterschätzt und merkte bald, wie viel Zeit und wie viel Garn ich dafür brauchte.

Mein Taschengeld reichte für das viele Garn nicht, so verzichtete ich sonntags auf den Kinobesuch, ich bekam jedes Wochenende Kinogeld. Davon kaufte ich das Garn und lief, anstatt ins Kino, zwei Stunden durch die Straßen. Ich habe angefangen, nachts zu häkeln aus Angst, ich würde es bis Weihnachten nicht schaffen. Die Decke hatte einen Durchmesser von 1,40m. Ein regelrechtes Häkelfieber erfasste mich, aber bis ein paar Tage vor Weihnachten habe ich es wirklich geschafft. Nun musste sie aber noch gespannt werden, auch das wurde fertig, es war ein Prachtstück geworden. Ich war so stolz darauf und hoffte so sehr, dass Li sich freuen würde. Voller Stolz und Freude nahm ich meine fertige Häkeldecke mit dem schönen Rosenmuster vom Spanntisch, faltete sie so, dass eine Rose voll sichtbar wurde, und packte sie ins Weihnachtspapier. Voller Vorfreude erwartete ich Heiligabend. Mir war nur wichtig, diese Decke Li zu schenken.

Dieses Weihnachtsfest habe ich mein ganzes Leben lang nicht vergessen!

Mein Vater hatte Heiligabend immer selbst gestaltet. Wir Kinder wurden nachmittags auf die Eisbahn zum Schlittschuhlaufen geschickt. Das war herrlich, ich konnte gut Schlittschuhlaufen, rechts und links herum, sogar im Bogen und Walzer tanzen. Dabei sang ich mein Lied:

"Wenn am Sonntagabend die Dorfmusik spielt, heididel, deididel dumm bumm, und
der lange Jochen schiebt immer durch den Saal, denn sein kleines Mädel, das will
immer noch einmal! „ . . .

18

Darauf tanzte ich Walzer auf dem Eis. Ich war voller Freude und Erwartung!

Vati schmückte den Weihnachtsbaum, keiner durfte ins Zimmer, Li kochte das Weihnachtsessen, sie konnte sehr gut kochen, alles war sehr geheimnisvoll. Um 18.00 Uhr durften wir nach Hause kommen. Vor der Bescherung wurde festlich gegessen, wir hatten mächtig Hunger. Danach setzte sich Vater an das Klavier und alle Weihnachtslieder wurden gesungen. Das war herrlich für mich, ich sang aus vollem Herzen. – Dann kam die Bescherung, alles war in schöne Päckchen gepackt, ich fieberte dem Moment entgegen, wo Li meine Häkeldecke auspacken würde. Li sah erstaunt dieses große Paket an, öffnete es, nahm die Decke an der zusammengelegten Spitze hoch, faltete sie nicht auseinander, legte sie zurück auf den Tisch und sagte zu mir: „Wenn du mal heiratest, bekommst du sie wieder!"

Sie hat die Decke nicht einmal auseinandergefaltet und angesehen!

Fassungslos starrte ich sie an, mein Herz wurde zu Stein, eine unbändige Wut stieg in mir auf, ich fühlte einen solchen Hass, rannte in mein Zimmer, schloss mich ein, meine Geschenke interessierten mich nicht mehr, es gab kein Weihnachten für mich. Hier habe ich ein Stück meiner Kindheit verloren. Das Böse, Feindliche, Herzlose nahm Raum in mir ein, zerwühlte meine Seele!

Ich betete inbrünstig, lieber Gott, hilf mir bitte, mein Leben selbst in die Hand zu nehmen, denn ich habe kein zu Hause mehr!

Mein einziger Trost war unser Schäferhund Wolf, wir gehörten zusammen, ich versorgte ihn, er war immer bei mir, wenn ich traurig war, leckte er mir die Hände und drückte sich ganz eng an mich.

Der 2. Weltkrieg begann im September 1939, nach dem Polenfeldzug wurde mein Vater nach Posen im Warthegau versetzt. Ich fand in Posen eine Freundin, wir hatten gemeinsam ein Paddelboot und waren oft an dem Fluss Warthe, er war gefährlich und hatte viele Strudel. Ich ging mit meinem Wolf sehr oft an den Fluss, er sprang gerne ins Wasser, um zu spielen und Stöckchen zu holen. Die Steinböschung aber war sehr steil und Wolf musste jedes Mal hinaufklettern, er war schnell erschöpft. Wir hatten ein polnisches Dienstmädchen, eines Tages ging sie mit ihm auch an den Fluss, er sprang immer wieder hinein, zu oft! Wolf wurde von einem Strudel erfasst und heruntergezogen, er hatte keine Kraft mehr, ich habe meinen Wolf nie wieder gesehen!

Linda, das Dienstmädchen, kam schreiend und weinend nach Hause, entsetzt fragte ich sie: „Wo ist denn Wolf?" Meine Ahnung wurde bestätigt – mein Wolf ist ertrunken, ich hatte keinen Wolf mehr. Alles stand still in mir, ich fühlte mich allein und einsam, ich wollte nicht mehr leben. Ich dachte, ich halte das alles nicht mehr aus, nahm meine letzte Kraft zusammen und schlich mich nachts heimlich aus meinem Elternhaus. Mit meinen letzten Ersparnissen löste ich am Bahnhof eine Karte nach Wiesbaden zu meiner Freundin Afra. Mit einem kleinen Koffer saß ich fünf Stunden am Bahnhof, bis endlich der Zug kam.

Mein Glaube an den „lieben Gott" war meine Zuversicht und hat mich immer wieder gerettet und getragen.

Aber ich war erst 16 Jahre und noch nicht volljährig.

Mein Vater suchte und fand mich. Er kam nach Wiesbaden, um mich abzuholen. Ich weigerte mich verzweifelt, die Eltern meiner Freundin sprachen stundenlang mit ihm, er weinte und war sehr unglücklich. Er sagte mir, dass Li mich gern hat, dass sie es nur nicht zeigen kann, dass sie sehr traurig ist, weil ich weggelaufen bin. Ein kleiner Hoffnungsschimmer regte sich in mir, vielleicht ist es ein bisschen wahr!

Wir fuhren zurück nach Posen, an der Tür empfing mich Li, ich sah sie an und wusste, es ist nicht wahr, was mir mein Vater erzählte. „Von mir aus hättest du nicht wiederkommen brauchen", sagte sie. Ich sah meinen Vater fragend an, er war dieser Frau ohnmächtig ausgeliefert. Nun, ich war schon erwachsen genug, um zu erkennen, hier gibt es keine Hoffnung mehr! Ich schloss mich in mein Zimmer ein, für immer und jede Zeit, nur zu den Essenszeiten kam ich heraus.

In Posen ging ich in keine Schule mehr. Li wollte, dass ich Geld verdiene, damit ich mein Essen bezahle. Mein Vater besorgte mir eine Arbeit im Büro in der Heeresstandortverwaltung.

Wieder kam das Weihnachtsfest! Der Krieg tobte, Frankreich, England!

Ein Aufruf kam an die Bevölkerung, es sollten Weihnachtspäckchen an unbekannte Soldaten geschickt werden. Das war für mich wie eine Rettung. Plötzlich regte sich in mir der Wunsch, einsamen Soldaten eine Freude zu machen. Meine Motivation steigerte sich in eine Begeisterung. Mit großem Eifer malte und bastelte ich schöne Sachen, schrieb liebevolle Gedichte, besorgte Zigaretten, Schokolade, warme Socken und vieles mehr. Ich packte und packte, es wurden über zehn Päckchen, die ich dann abschickte.

Nach einiger Zeit kam Post zurück, viele liebe lange Briefe von Soldaten, die sich so sehr über meine Päckchen gefreut haben.

Li sagte zu meinem Vater, dass ich wohl nicht ganz normal sei, aber das störte mich nicht mehr, Li konnte mir nicht mehr wehtun!

Bei diesen Briefen war ein Soldat, er schickte mir ein Bild von sich und sagte, dass er sich in mich verliebt hat, ich sollte unbedingt zurück schreiben. Ich tat es, schickte auch ein Bild von mir und wurde richtig neugierig, was er wohl für ein Mensch war. Er schrieb mir begeistert und liebevoll zurück, so ging die Post hin und her, wir erzählten viel voneinander, so lernten wir uns immer besser kennen. Es entstand sogar ein Gefühl der Freundschaft und Vertrautheit.

Er war Bademeister in Garmisch-Partenkirchen, er wollte mich nach dem Krieg heiraten. Seine Familie kannte mich auch schon aus seinen Briefen. Bis eines Tages die Trauerkarte kam „*Gefallen für das deutsche Vaterland*"!

Wieder musste ich Abschied nehmen. Seine Familie wollte unbedingt, dass ich zu ihnen komme, für immer wollten sie mich bei ihnen haben. Ich besuchte sie, ihre Freude war groß. Wir weinten und trauerten zusammen, sie wollten mich gar nicht mehr loslassen. Aber ich musste wieder zurück, um meinen eigenen Weg zu finden.

Ich meldete mich freiwillig zum Arbeitsdienst, dabei war aber ein Hindernis, ich benötigte die Einwilligung meines Vaters. Ich wusste, das wird schwer, denn er liebte mich, wenn er es auch nicht zeigen konnte oder durfte. Ich überlegte, wie ich das wohl anstellen kann. Eines Abends sagte ich zu ihm: „Komm, lass uns zusammen etwas spielen", das hatten wir schon lange nicht mehr getan.

Wir spielten und tranken dabei unser Bierchen, waren fröhlich, und ich schenkte meinem Vater immer etwas mehr ein, er war lustig und angeheitert, es war schön mit ihm. Wir sagten uns gute Nacht. „Ach Vati, beinahe hätte ich es vergessen, ich brauche von dir für das Büro eine Unterschrift", so versuchte ich es!

Er unterschrieb sofort, schnell ging ich in mein Zimmer. Ich hatte die Einwilligung für den freiwilligen Arbeitsdienst von ihm.

O weh, dachte ich, was wird das wohl werden! Ich wusste schon, dass es nicht ganz in Ordnung war, was ich da machte.

Mit der Post bekam mein Vater die Bestätigung für die Aufnahme in den Arbeitsdienst. Mein Vater tobte, versuchte es rückgängig zu machen, aber ohne Erfolg.

Es tat mir leid, ich sagte: „ Vati, ich muss nun mein Leben selbst in die Hand nehmen."

Es war ein Abschied für lange Zeit, für sehr viele Jahre.

Im Oktober 1941 wurde ich zum Arbeitsdienst eingezogen und kam in das Lager in Gröden, ein kleines Dorf bei Dresden.

Nun begann endlich mein eigenes Leben, ich war 18 Jahre und fühlte eine unbändige Energie in mir, ich hatte meine traurige Kindheit überwunden.

Ich fühlte mich befreit, meine Neugier auf das Leben war von einem jugendlichen, stürmischen Drängen erfüllt, aber auch von einer bangen Frage begleitet.

Wohin wird es mich führen?

***

Kapitel 2

Jugendjahre, Schrecken des Krieges, auf der Flucht!

Das kleine Dorf Gröden liegt ca. 40 km von Dresden entfernt, hier lebten kinderreiche Familien und Bauern mit Kartoffel- und Getreidefeldern. Die Männer waren alle im Krieg.

So kam ich voller Erwartung und Neugier im Arbeitsdienstlager Gröden an, es lag außerhalb von Gröden auf einem Hügel, direkt am Wald. Für mich war es ein Schritt in die Freiheit! Viele Mädchen kamen aus Dresden, um die ½-jährige Dienstpflicht zu erfüllen. Ich wusste, dass ich nie mehr nach Hause gehe, also war Gröden der Start in meine unbekannte Zukunft. – Ich war bereit, alles anzunehmen, wie es auch kam. Immer wieder fühlte ich eine unbändige Freude, frei zu sein, der unglaubliche Druck meiner Kindheit hatte sich gelöst.

Das schreckliche Weihnachtsfest, – mein Wolf ertrunken, mein Freund gefallen für's Vaterland, – die Angst vor Li, mein Vater, der mich zwar liebte, aber keinen Mut dazu hatte, dies alles liegt hinter mir, das Leben wartet auf mich, dachte ich!
Eines wusste ich aus meiner Kindheit, „meine Kinder werden niemals ohne Liebe aufwachsen." – Ich habe versucht, es zu erfüllen!

Das Lager Gröden hatte drei Baracken, eine Schlaf-, Wirtschafts- und Aufenthaltsbaracke. Ein Schlafraum hatte sechs Doppelbetten, jeweils übereinander, sie waren mit Strohsäcken gefüllt. Einige Mädchen waren entsetzt und weigerten sich, auf Stroh zu schlafen, sie protestierten, es war fast wie ein Aufstand. Ich versuchte, sie zu beruhigen, denn ich fand die Strohsäcke ganz lustig, man konnte gut darauf schlafen, sie wärmten sogar. – Nach der Grundausbildung im Lager kamen wir Arbeitsmaiden zum Hilfseinsatz ins Dorf zu den Familien. Wir halfen im Haushalt, bei der Kinderbetreuung und auf dem Feld, das war manchmal ganz schön hart, auf dem Acker stundenlang zu arbeiten, aber wir gewöhnten uns daran und bald liebten uns die Frauen und Mütter.

Der Krieg wurde immer bedrohlicher, ganz Deutschland wurde bombardiert.

Eines Tages kam der Befehl, dass wir im Wald für je zwei Mädchen große Löcher ausgraben sollten, zum Schutz vor Luftangriffen. Nachts heulten die Sirenen, als die Bomber kamen, sprangen wir aus den Betten in die Erdlöcher, verharrten dort so lange, bis die Sirenen wieder Entwarnung gaben. Dies wiederholte sich immer öfter.

Wieder kam ein Befehl, einige Arbeitsmaiden wurden abkommandiert an die inländische Front, um zu lernen, wie man Scheinwerfer bedient. Wir kamen in die Nähe der Leunawerke und mussten am Scheinwerfer eine Stellung (Baracke) beziehen.

Jede Nacht kamen die Bomber um die Fabrikanlagen zu zerstören. Wir hatten die Aufgabe, den Scheinwerfer auf die feindlichen Flieger am nächtlichen Himmel zu richten, diese wurden dann von der Flack beschossen, die Flacksplitter flogen durch die Luft.

Fünf Arbeitsmaiden mussten auf den riesengroßen Scheinwerfer klettern, um diesen zu bedienen. Inzwischen war ich Maidenführerin geworden, ich gab die Befehle des Batterieführers per Telefon an die Mädchen am Scheinwerfer weiter.

Es war die Hölle! – Eines Nachts, mitten im Angriff, fiel ein Mädchen vom Flacksplitter getroffen schwer verletzt vom Scheinwerfer herunter, wir konnten nicht helfen, wir mussten weiter kämpfen! Ich bekam einen Schreianfall und einen totalen Nervenzusammenbruch. Danach weigerte ich mich, wieder an den Scheinwerfer zu gehen, ich wollte zurück ins Lager.

Der Krieg nahm entsetzliche Formen an, jede Nacht das Brummen der Bomber, jede Nacht die Angst in den Erdlöchern. Manchmal glaubt man, es gäbe nichts Schlimmeres, aber das Schrecklichste stand uns noch bevor. Eines Nachts wurde das Brummen der Bomber immer lauter, sie flogen direkt über uns hinweg in Richtung Dresden. Inzwischen waren die Leunawerke zerstört, alle Maiden waren wieder im Lager. Wir hockten in unseren Erdlöchern und sahen, wie sich der Himmel in Richtung Dresden immer mehr rötete:

Dresden brannte lichterloh! Fast alle Mädchen waren aus Dresden, sie schrien verzweifelt durcheinander, sie wussten nicht, was ihren Eltern und Familien dort geschah. –

Dies aber nicht genug, nach zwei Stunden kamen die Bomber wieder, diesmal nicht mit Brandbomben, sondern mit Sprengbomben, – Dresden ging in Schutt und Asche!

Ich hielt die verzweifelten Mädchen in meinen Armen, die ganze Grausamkeit des Krieges, mit dem unbeschreiblichen Leid der Menschen, wurde mir bewusst. Ich betete inständig, lieber Gott, bitte hilf diesen verzweifelten jungen Menschen in meinen Armen, hilf allen Menschen, lass diesen entsetzlichen Krieg endlich zu Ende gehen!

Am anderen Morgen war Totenstille in unserem Lager, keiner sprach ein Wort. Jeden Morgen hatten wir am Waldrand Fahnengang, mit einem fröhlichen Lied und einem Wort für den Tag. An diesem Morgen gab es kein Lied, wir standen im Kreis und hielten uns an den Händen, wir waren stumm, nur das leise Weinen der Mädchen, sie wussten nicht, ob ihre Eltern noch lebten.

Kurze Zeit später kam der Befehl, dass alle Arbeitsdienstlager aufgelöst werden, alle Arbeitsmaiden sollten nach Hause gehen. Es gab im Lager kein Programm mehr, es wurde nichts mehr eingekauft, das Lager wurde geschlossen. Das ganze Dorf war in Aufruhr, viele Frauen gingen mit ihren Kindern, aus Angst vor den

Luftangriffen, auf die Flucht. Die Mädchen wussten nicht wohin, keine Eisenbahn fuhr mehr, nur ab und zu kam ein Zug, die Menschen sprangen auf die Trittbretter oder auf das Dach, um etwas voranzukommen.

Ich verteilte die letzten Essensreste an die Mädchen, weinend zogen sie davon, um ihre Eltern in dem zertrümmerten Dresden zu suchen.

Als das Lager leer war, nahm ich mein Fahrrad, hing zwei Wäschebeutel mit Proviant daran und fuhr in Richtung Norden. Ich wusste, dass meine älteste Schwester Anneliese mit ihren drei Kindern auf der Flucht zur Familie ihres Mannes in Berlin-Charlottenburg war. So fuhr ich mit meinem Fahrrad von Gröden nach Berlin. Der Krieg tobte, die Nächte waren nur noch Bombennächte, die Sirenen heulten, überall Entsetzen, Angst und Chaos!

Ich bin nachts durchgefahren und hörte immer das dumpfe Krachen der Bombeneinschläge. Morgens war ich in den Vororten von Berlin. Plötzlich kamen mir Frauen und Männer in Schlafanzügen entgegen gerannt, ihre Häuser waren vor Bomben zerstört, aus dem Schlaf gerissen rannten sie um ihr Leben! Ich versuchte zu helfen, klingelte bei nicht zerstörten Häusern und bat für die hilflosen Menschen, die nur ihr nacktes Leben retten konnten, um Hilfe und Unterkunft. Die Türen gingen auf, eine große Welle der Hilfsbereitschaft kam uns entgegen. Welch ein schönes Erlebnis, mitten in Angst und Schrecken.

Ich fuhr weiter, um meine Schwester zu suchen und fand sie tatsächlich mit ihren drei Kindern. Wir fielen uns überglücklich in die Arme. Sie war sehr schwach und müde von den Strapazen der Flucht. Die Menschen rannten in panischer Angst durcheinander, die Situation wurde immer bedrohlicher. Vom Osten kamen die Russen, vom Westen die Engländer und Amerikaner. Ich flehte meine Schwester an, mit mir vor der Russen in den Westen zu fliehen. Sie wollte nicht, sie sagte: „Ich kann nicht mehr, aber du musst mit dem Rad losfahren."

„Ohne dich und die Kinder fahre ich nicht", sagte ich, „wir schaffen es zusammen."

„Nein, nein", schrie sie und schlug weinend auf mich ein, gab mir Ohrfeigen und zwang mich zu fahren. Sie ist den Russen in die Hände gefallen und musste großes Leid ertragen.

So fuhr ich los in Richtung Westen, in mir stieg Angst und Panik hoch, ich wusste nicht wohin und fuhr und fuhr mit meinem Fahrrad, war ganz durcheinander ohne meine Schwester. Mich quälten Schuldgefühle, dass ich sie allein gelassen habe, wollte dann wieder zurückfahren, dachte aber, die Russen kommen doch, dann war wieder die Angst um meine Schwester und doch fuhr ich weiter, der Krieg tobte um mich herum!

Abends, wenn es dunkel wurde, klingelte ich irgendwo an einem Haus und bat um einen Schlafplatz. Es gab keine einzige verschlossene Tür, viele Menschen gaben mir sogar ihr Bett und schliefen selbst auf dem Sofa. Mit großer Hilfsbereitschaft öffnete sich jeden Abend eine Tür. Am anderen Morgen fuhr ich dann weiter mit Proviant in meinen Säckchen.

Eines Tages war ich so erschöpft, dass ich mich in den Straßenrand legte und sofort einschlief. Es wurde dunkel, als mich ein Mann rüttelte und sagte: „Du musst weiter, die russische Front kommt!"

Ich sagte: „Ich kann nicht."

„Doch du kannst", rief er, „du musst, schau in den Himmel, da sind die Christbäume!"

Das waren Lichtzeichen am Himmel, die zeigten an, wo sich die russische Front befand, – sie kamen immer näher. Er nahm mich hoch und sagte: „Komm mit mir, ich fahre auch in den Westen."

So fuhren wir die Nächte durch und entkamen nur mit großer Mühe den Russen.

Es war ein Rennen ums Leben. Wir freundeten uns an, er hieß Charlie, ich vertraute ihm, er hat mir immer weitergeholfen, wenn ich nicht mehr konnte. Wir fuhren Tag und Nacht und ruhten uns immer nur etwas in irgendeinem Unterschlupf aus. Charlie war ein lieber, anständiger Mensch. Er hatte Frau und Kinder im Westen.

In dieser Zeit, am 8. Mai 1945, wurde das Kriegsende verkündet. So kamen wir im Westen in Norddeutschland an, wo die Engländer einmarschierten. Ich hatte noch die Arbeitsdienstuniform an und wurde deshalb von den Engländern in Gefangenschaft genommen. Charlie musste weiterfahren, wir haben uns nicht wiedergesehen.

Ich kam mit Männern und Frauen zusammen in einen Kellerraum ins Gefangenenlager. Die Männer bedrängten die Frauen, ich konnte mich verstecken. Es war schrecklich, wir wurden alle krank, ich dachte, das ist das Ende. Des Nachts kamen Jungs aus dem Nachbardorf an den Zaun und boten uns gegen Schmuck und Geld an, uns mit dem Paddelboot gegen 2.00 und 3.00 Uhr morgens, wenn die Wachtposten schliefen, über die Elbe an das andere Ufer zu bringen. Dort waren die Amerikaner. Ich hatte nichts, nur meine Armbanduhr.

Im Abstand von ca. 300m waren am Ufer die Wachtposten der Engländer, sie schossen auf alles, was sich im Wasser bewegte. Die Flucht aus dem Gefangenenlager war ein Wagnis auf Leben und Tod. – So schlich ich mit dem Jungen morgens um 3.00 Uhr an das Ufer, legte mein Fahrrad quer auf das Paddelboot, ganz leise und vorsichtig glitten wir über den Fluss, aber drei Meter vor dem Ufer fiel ich ins Wasser, erwischte gerade noch mein Fahrrad, fand Boden unter den Füßen und kam an Land. Hier waren die Amerikaner, sie hatten keine Wachtposten am Ufer.

Ich schlich in den nächsten Bauernhof und legte mich mit den nassen Kleidern in die Scheune ins Stroh und schlief sofort ein. –

Die Bäuerin weckte mich und sah mich mit freundlichem Lächeln an, sie sagte, dass ich sofort die Uniform ausziehen muss, gab mir trockene Kleidung und machte mir aus Ziegenmilch eine Grießsuppe. Ich war gerettet und weinte vor Freude! Sie gab mir ganz viel in meine Beutel, Brot, Butter, Käse, Wurst, Schokolade, nahm mich in die Arme, machte drei Kreuze auf meine Stirn und sagte: „Lebe wohl, behüte dich Gott!"

Ich fuhr langsam weg, winkte zurück, in meinem Herzen spürte ich ein ganz warmes Gefühl, ich hatte keine Angst mehr!

Die Sonne schien, ich fuhr in den lichten Tag hinein, ich hatte ein Gefühl der Befreiung, ich war plötzlich glücklich und radelte meinem Leben entgegen!

Nach zwei Wochen mit vielen kleinen Erlebnissen kam ich endlich in Wiesbaden an. Diese Stadt, wo ich einen Teil meiner Jugend verlebte, kannte ich kaum wieder. Überall zerstörte Häuser, ich suchte nach dem Haus meiner Freundin Afra und stand vor einem Trümmerhaufen. Keine Spur von ihr und ihren Eltern.

Traurig stand ich da, plötzlich fühlte ich mich ganz verlassen, ich wusste nicht wohin!

***

Kapitel 3

Neubeginn, die große Liebe, Aufbau der Firma

Mir fiel die Adresse von Freunden meines Vaters ein und wirklich, als ich klingelte, öffnete sich die Tür. Sie wollten es nicht glauben, dass ich allein durch ganz Deutschland gefahren bin, ich sah wohl auch aus wie ein Vagabund, denn ich trug immer noch die Kleidung von der lieben Bäuerin, die mir den Weg in die Freiheit ebnete. Sie nahmen mich sofort auf und fragten mich nach einer Weile, ob ich in einer befreundeten, kinderreichen Familie helfen wollte. Welch ein Glück, ich sagte sofort zu. Es war eine schöne Zeit in dieser Großfamilie.

Aber ich bekam ein großes Problem, ich war süchtig geworden, Fahrrad zu fahren, konnte es nicht aushalten, ohne mich täglich auf das Fahrrad zu setzen. Es war Frühsommer 1945 und Beerenobstzeit. Ich fuhr, so oft ich konnte, an den Rhein in die Dörfer, 50 – 60km weit, und kaufte direkt bei den Obstbauern für die Familie frisches Obst ein, hing die Körbe und Taschen an mein Fahrrad und brachte sie der Familie.

Langsam gewöhnte ich mich daran, nicht jeden Tag stundenlang zu radeln. Aber was nun? Wie sollte es weitergehen? Diese Frage beschäftigte mich immer dringender. Ich wollte arbeiten und mein Geld verdienen.

Eine junge Frau begegnete mir, auch sie suchte Arbeit und eine Bleibe. Wir hatten beide kein Geld, aber sie fand Arbeit und ich bekam in der Stadtverwaltung eine Anstellung für leichte Büroarbeit. Wir suchten zusammen eine Wohnung, das war schwierig, wir mussten eine ausgebrannte Wohnung nehmen. Ein Haus, was an der einen Seite völlig zerstört war, die Hauswand weggerissen, die Zimmer klafften offen zur Straße hin, ohne jegliche Sicherung. Zwei hintere Zimmer voller Schutt und Asche waren noch heil, hier zogen wir ein. Ein eiserner Bollerofen stand drin, sonst nichts. Wir sammelten Kisten und Bretter als Ersatz für Tisch und Stühle, bekamen Decken geschenkt, damit schliefen wir zunächst auf dem Boden. Immer wieder putzten wir die Zimmer, um endlich den Schutt und Staub los zu werden.

So fingen wir aus dem Nichts ein neues Leben an. Ich war froh, unsere eigene Unterkunft und ein Dach über dem Kopf zu haben. Keine Bombennächte mehr, mein eigenes kleines verdientes Geld, die Hoffnung auf eine Zukunft war wieder da!

Es wurde Oktober/November 1945, die Kälte kam, wir froren fürchterlich in der Wohnung, nun kam der Winter! Jeden Tag bis abends gingen die Menschen in den Wald und sammelten das herumliegende Holz zum Heizen. So fuhren wir beide auch mit unseren Rädern in den nahen Wald, legten quer über die Fahrradstangen und den Sattel ganze kleine Stämme, luden Holzstücke auf, so viel wir konnten, und mussten mit unserer Ladung zurücklaufen. Welch eine Anstrengung, aber wir waren trotzdem fröhlich und sangen dabei unsere schönen Volkslieder.

Zu Hause angekommen, sägten wir mit einer alten Säge lachend und singend kleine Holzstücke für unseren Bollerofen und freuten uns jeden Abend über eine warme Stube. Immer wieder fühlte ich voller Freude, die Kraft für mein Leben!

Aber wir hatten Hunger! Die Lebensmittel waren knapp, jeder bekam eine Lebensmittelkarte für die Wochenration, 1kg Brot, 65,5g Butter, 125g Wurst, 125g Käse, wenig Kartoffeln, etwas Obst und Gemüse. Mein Brot war Mitte der Woche schon aufgegessen, es nutzte nichts, auch wenn ich jede Woche sieben Kerben in das Brot ritzte, der Hunger war zu groß, es reichte einfach nicht. Die Lebensmittel für eine Einzelperson waren zum Leben zu wenig, zum Sterben zu viel! Es blieb uns nichts übrig, als in die Bauernhöfe betteln zu gehen und wir freuten uns über jeden geschenkten Kohlkopf. Ich wurde immer dünner, aber zu zweit halfen wir uns gegenseitig. Wir ließen uns nicht unterkriegen.

So kam der Weihnachtsmonat, wir hatten inzwischen viel Holz gesammelt und im Keller einen kleinen Vorrat gestapelt. Zu Weihnachten hatten wir eine warme Stube, welch ein Geschenk.

Wiesbaden war auch eine total zerbombte Stadt, jedes zweite Haus war zerstört, wir gewöhnten uns daran, aber die Kriegserlebnisse waren in uns lebendig. Durch die gemeinsame Not waren die Menschen hilfsbereit, offen und freundlich. Wir erzählten uns gegenseitig unsere Schicksale, die Leiden des Krieges führten die Menschen zusammen. Es war trotz allen Entbehrungen eine gute Zeit.

In einer leicht zerstörten Halle wurde ein Weihnachtskonzert angekündigt. Ich kaufte zwei Karten und überraschte meine Freundin damit, wir hatten gute Plätze in der Mitte des Saales. Zwei Reihen vor uns saß ein junger Mann in seiner Luftwaffenuniform, er drehte sich um und schaute mich direkt an. Mein Herz raste plötzlich, blond, blauäugig, er sah einfach umwerfend aus, genau mein Typ! Immer wieder spürte ich seinen Blick, ich war ganz durcheinander.

Was ist los mit mir?, dachte ich. Ich tat gleichgültig, nur so konnte ich mich aus dem plötzlichen Gefühlschaos retten. Meine Freundin machte mich ganz verrückt, sie verliebte sich sofort in ihn und glaubte, dass er sich ständig nach ihr umdrehte.

„Wir müssen versuchen in der Pause in seine Nähe zu kommen", sagte sie zu mir.

„Ja", sagte ich, „dann tue das, ich aber nicht."

Ich dachte, soll sie doch und war fast froh für diese Ablenkung. Es kam die Pause, wieder spielte mein Herz verrückt und tatsächlich, sofort steuerte er direkt auf uns zu. Meine Freundin strahlte ihn an, ich gab mich absichtlich desinteressiert. Er schaute mir nur immer fragend in die Augen, ich flüchtete in die Toilette.

Soll sie ihn doch haben, dachte ich, aber ich hatte dabei gar kein gutes Gefühl. Kurz vor Pausenende ging ich wieder zu den beiden, meine Freundin schmiss sich in Pose, ich fand das unmöglich!

„He", sagte sie, „das ist Willi, ich habe ihn am Sonntag zu uns eingeladen." Wieder schaute er mich fragend an.

„Ach ja", sagte ich, „das ist ja schön."

Als wir nach Hause gingen, schwärmte sie: „Ist er nicht toll?" –

„Doch, er sieht ganz gut aus", erwiderte ich und versuchte, meine Gefühle zu verbergen.

Der Sonntagnachmittag kam, ich sagte zu meiner Freundin: „Ich lass euch erst mal allein, ich gehe ins Kino, da kannst du ihn etwas näher kennenlernen." Sie schaute mich etwas erstaunt, aber dann freudig an, nahm mich in die Arme und sagte: „Das ist ganz toll von dir." So ging ich wirklich weg, meine Gefühle aber hatte ich nicht mehr so gut im Griff.

Nach gut drei Stunden kam ich nach Hause, ich hoffte, dass er nicht mehr da war, aber welch ein Irrtum, als ich kam, strahlte er mich an, mein Widerstand war gebrochen, ich war einfach hin und weg, es war um uns geschehen! Er hatte nur noch Augen für mich, meine Freundin schaute entsetzt zu uns, es tat mir so leid für sie. Unsere Freundschaft war plötzlich belastet, unsere unbekümmerte Fröhlichkeit war einer zurückhaltenden Spannung gewichen. Ich war sehr traurig darüber und versuchte, ihr wieder näherzukommen, es gelang mir aber nur wenig.

Es begann eine verliebte wunderschöne Zeit. Willi und ich waren jeden Tag zusammen, wir brauchten nicht mehr hungern, er besorgte uns zu essen und verwöhnte mich, wie ich es noch nie in meinem Leben erlebt habe. Wir waren so glücklich, ich war nicht mehr allein, aller Kampf ums Überleben war wie weggeblasen, ich hatte die langersehnte Liebe gefunden.

Im Sommer 1946 suchten wir zusammen eine Wohnung. Wir zogen nach Eltville am Rhein in eine wunderschöne alte Villa und mieteten ein großes Zimmer. Willi fing an zu „schrotteln", so bezeichnete man die heimliche Besorgung von Lebensmitteln, denn noch immer gab es nicht genug zu essen. Wir wohnten gegenüber der Sektfabrik „Henkell".

Willi fing mit den üblichen Tauschgeschäften an, er besorgte Kisten mit Sekt und fuhr damit nach Süddeutschland und brachte Spanferkel, Schinken, Butter, Käse zurück. Ich wunderte mich sehr, wie geschickt er es immer geschafft hat, bei diesem verbotenen Spiel nicht erwischt zu werden, aber ich dachte mir nichts dabei. Er weitete diese Schrottelarbeit aus, indem er auch für andere Menschen auf diese Art Lebensmittel besorgte. Er wollte unbedingt mehr Geld haben, deshalb war er wenig zu Hause. Willi brachte mir nur immer die Lebensmittel und ging sofort wieder auf Reisen. Langsam machte ich mir Sorgen.

So war ich froh, als 1947 die Währungsreform kam. Jeder bekam 40,00 DM, damit mussten wir alle anfangen. Plötzlich, am gleichen Morgen, waren die Geschäfte voll mit Lebensmitteln, sogar Schokolade gab es, aber wir hatten dafür kein Geld, es reichte nur für das Nötigste. Ich war erleichtert, dass diese Schrottelarbeit vorbei war. Nun fing wieder eine gute Zeit für uns an. Willi war Malermeister, er nahm einen kleinen Bollerwagen, gab Farbe und Pinsel darauf und fing an, in den Wohnungen von Nachbarn Küchen und Stuben zu streichen. Er bekam kleine Aufträge, sodass er täglich Arbeit hatte und abends müde nach Hause kam. Ich liebte ihn dafür, fingen wir doch gemeinsam ein normales Leben an.

Inzwischen hatte sich meine Familie wieder gefunden. Alle waren in den Westen geflohen, mein Vater und Li waren im Norden in Itzehoe, meine älteste Schwester Anneliese mit ihrem Mann und den drei Kindern lebten im Westen in einem kleinen Dorf. Meine Schwester Christa kam mit ihrem Mann Hermann nach Wiesbaden.

Ich war 24 Jahre und erwartete mein erstes Kind. Willi und ich heirateten standesamtlich in Eltville. Wir hatten wenig Geld, an unserem Hochzeitstag abends gingen wir beide in eine kleine Weinstube am Rhein und gönnten uns ein Glas Sekt. Die Welt um uns herum war wunderschön, so fühlten wir uns! Wir waren sehr glücklich, ein Neuanfang voller Hoffnung und Zuversicht. Ich wusste nicht, welche Schatten sich über uns zusammenbrauten.

Im April 1948 wurde mein Sohn Horst geboren. Die Geburt meines ersten Kindes war für mich ein unbeschreiblich elementares Erlebnis. Ich fühlte mich von Kräften erfasst und weggerissen, spürte die Macht des Schöpfungsgeschehens und war dieser total ausgeliefert. Ich ließ es zu, so fühlte ich das neue Leben in diese Welt kommen, es war das wichtigste Erlebnis für mich.

Ich fing an, die Wunder des Lebens wahrzunehmen!

Meine Schwester Christa gab mir bei der Geburt liebevollen Beistand.

Wir wohnten immer noch in Eltville in der schönen alten Villa. Der Vermieter erlaubte uns für unser Baby eine Abtrennung für einen kleinen separaten Raum. So waren wir eine kleine Familie, Willi bekam immer mehr Arbeit, viele Menschen wollten ihre Wohnungen wieder schön renoviert haben. Langsam hatten wir auch etwas mehr Geld zum Leben. Ich war glücklich mit meinem kleinen süßen Sohn, mein Herz war voller Mutterliebe. Willi war liebevoll und doch bemerkte ich öfter eine innere Unruhe in ihm, die ich nicht deuten konnte. Er war sehr ehrgeizig und beklagte sich oft über zu wenig Geld, er wurde immer unzufriedener.

Ich versuchte, unsere Liebe zu erhalten und oft konnte ich ihn beruhigen. Ich zeigte ihm, dass wir zum glücklich Sein doch kein großes Geld brauchen.

An einem Abend kam er freudig mit einem großen Rosenstrauß nach Hause und strahlte mich an. „Wir haben es geschafft", sagte er, „ich habe einen großen Auftrag in der Tasche, ich muss mindestens fünf Leute einstellen."

Unser Land war ja von den Amerikanern besetzt, sie hatten alle großen Gebäude für sich beschlagnahmt, welche renoviert werden sollten. Willi lernte einen Mann kennen der bei den Amerikanern arbeitete, seine Aufgabe war, Maleraufträge in großem Umfang zu vergeben. Willi freundete sich mit ihm an und bekam in kurzer Zeit gute Aufträge. Unsere Firma vergrößerte sich schnell auf über 15 Mitarbeiter. Mit einem Schlag hatten wir viel Geld. Die schriftlich zugewiesenen Aufträge wurden von der Bank vorfinanziert, bis diese nach Fertigstellung abgerechnet waren.

Willi kaufte zwei Lieferwagen und privat einen schnittigen BMW-Sportwagen. Er kleidete mich mit Pelzmantel und schicken Kleidern ein, ich wurde ganz unsicher und fühlte mich gar nicht wohl dabei. Ich hatte ja keine Ahnung vom Geschäftsleben und kannte von meinem Vater nur Disziplin und Ordnung.

Eines Tages kam mit der Post eine Karte aus Ostdeutschland, ein zehnjähriges Mädchen schrieb Willi als ihren Vater an und wollte ihn besuchen. Von Willis Vergangenheit wusste ich nicht viel, hatten wir uns doch in einer Zeit kennengelernt, wo aus dem Kriegschaos jeder ein neues Leben beginnen wollte. So wurde mir bewusst, dass ich eigentlich gar nichts von Willis Vergangenheit wusste, jeder war froh, diesen furchtbaren Krieg überlebt zu haben.

Ich wollte nur immer mein Leben aufbauen und sah mit Willi meine glückliche kleine Familie. Manchmal hatte ich das Gefühl, dass er sich an mir festhält, ja sogar, manchmal an mich klammert, was ich dann als Liebe empfand.

Diese kleine Karte in meiner Hand machte mich etwas nachdenklich. Willi war elf Jahre älter als ich, so hatte er sicher eine gelebte Vergangenheit. Er kam aus der Ostzone, hatte er da eine Familie?

Als Willi nach Hause kam, zeigte ich ihm die Karte und fragte, ob er denn eine Tochter hat? Sein Gesichtsausdruck veränderte sich, hart und kalt nahm er die Karte, zerriss sie und sagte wütend zu mir: „Nie mehr fragst du mich mit einem Wort danach!" Ich erschrak, mein Mann, den ich so sehr liebte, war mir plötzlich völlig fremd.

Lange Zeit habe ich nicht gewagt, etwas zu sagen, aber ich fühlte, dass mich hier eine ganz dunkle Seite berührte.

Einige Zeit danach erfuhr ich von ihm, dass er in der Ostzone verheiratet war, dass seine Frau ihn betrogen hat und er in den Westen gegangen ist. Ich sagte ihm, dass ich mich freue, wenn seine Tochter zu ihm kommt. Wieder kam mir eine Welle von Härte entgegen, er gab mir keine Antwort. Ich ahnte, dass es im Leben von Willi wohl große Schattenseiten gab, es war aber für mich sehr schwer, an ihn heran zu kommen.

Ich dachte, ist unsere junge Liebe auch eine Art Befreiung für ihn? Teilen wir vielleicht auch teilweise ein gleiches Schicksal?

Unsere Firma war inzwischen groß geworden, Willi war unheimlich aktiv und arbeitete von morgens bis abends. Alles ging unter in der aufregenden, turbulenten Firma. Meine Schwester Christa und mein Schwager Hermann wohnten nun auch in Wiesbaden. Hermann übernahm die Büroarbeiten in unserer Firma, ich war beruhigt, bei ihm war das Büro in guten Händen.

Willi gab sehr viel Geld aus, ich zog mich zurück, denn ich trug mein zweites Kind unter dem Herzen. Horst war nun schon zwei Jahre alt, ein kleiner aufgeweckter Schatz, ich war sehr glücklich mit ihm. Ich erzählte ihm von seinem Brüderchen, das bald auf die Welt kommen wird. Mein Leben gehörte hauptsächlich meinen beiden Kindern.

Willi hatte in Wiesbaden ein Grundstück gekauft und baute nun unser Haus. Wir hatten einen großen Garten daran, ich freute mich auf die Gartenarbeit, das hatte ich ja von meinem Vater gelernt. Ich dachte, dass im Geschäft alles gut läuft.

Am 7. August 1950 kam Reiner auf die Welt, es war eine sehr schwere Geburt, aber glücklich haben wir beide es geschafft. Klein-Reiner lag in meinen Armen. Willi feierte die Geburt seines zweiten Sohnes ganz groß in seiner Firma, er war stolz auf seine Familie.

Eines Tages kam mein Schwager Hermann zu mir und bat um ein Gespräch.

***

Kapitel 4

Zusammenbruch, betrügerischer Konkurs, Flucht nach Kanada!

Ich merkte Hermann an, dass er große Sorgen haben muss. Wir setzten uns ins Büro, ich ahnte nichts Gutes, ich kannte ihn ja, er war ein ganz liebevoller, zuverlässiger Mensch. Es musste schon etwas sehr Schwerwiegendes sein, was ihn bedrückt.

Und wirklich, er sagte: „Ursula, ich kann nicht mehr in eurer Firma arbeiten, ich höre sofort auf." – Ich sah ihn entsetzt an, ich wusste, wie wichtig er für uns war, er hielt im Büro alles in Ordnung, er hatte mein vollstes Vertrauen.

„Nein, Hermann, das kann nicht dein Ernst sein, sage mir bitte den Grund, was ist los in unserer Firma?"

Was ich nun hörte, ließ meinen Atem stocken, eine dunkle Ahnung kam in mir auf. Hermann sagte: „Seit Monaten können wir nicht mehr die Lieferantenrechnungen bezahlen, die Briefe mit unerledigter Post häufen sich, die Bank mahnt die Abrechnungen für vorfinanzierte Aufträge an, die Löhne für fast 20 Mitarbeiter können nicht bezahlt werden, die Bank gibt kein Geld mehr!"

„Aber das kann doch nicht sein", erwiderte ich, „wir haben doch laufend Aufträge!"

Hermann schaute mich traurig an: „Nein, wir haben keine Aufträge, nur einige kleine, denn es ist etwas passiert. Zwei große Auftragsgenehmigungen wurden von Willi bei der Bank zur Vorfinanzierung eingereicht, das Geld ist auch geflossen, aber diese Aufträge gibt es gar nicht. Niemand weiß bis jetzt davon, deshalb sage ich es dir. Mit Willi gibt es keine Verständigung mehr, er wirft mir schlechte Arbeit vor, ist im ständigen Stress und wird aggressiv. Ich halte das nicht mehr aus und kann es auch nicht mehr verantworten."

Hermann standen die Tränen in den Augen, ich fühlte, wie ernst es ihm war, trotzdem konnte ich es kaum glauben, was ich da hörte.

Ich bat ihn, mir alle Unterlagen zu geben, ich wollte nun alles wissen. „Hermann, warum hast du mir das nicht schon früher gesagt?" „Ich wollte dich nicht beunruhigen, du hast doch mit den zwei Kindern und dem großen Haus genug zu tun", war seine Antwort.

Inzwischen waren wir in unser Haus gezogen, jetzt fiel mir ein, dass ich mich oft gewundert habe, dass fast alle Arbeiter wochenlang an der Fertigstellung unseres Hauses gearbeitet haben. Ich hatte Willi öfter gefragt: „Brauchst du die Leute nicht für deine Aufträge?" Er hatte immer eine ziemlich glaubwürdige Antwort. In Wirklichkeit nahm er das von der Bank vorfinanzierte Geld für unser Privathaus und auch für seine Spielschulden.

Unsere Ehe war schon lange voller Unruhe, Stress und Nervosität, oft dachte ich, was ist nur aus unserer Liebe geworden? Der charmante, humorvolle und liebenswerte Willi aus der Nachkriegszeit, in den ich mich sofort verliebte, hat sich in einen gereizten und gehetzten Menschen gewandelt, der abends im Casino als großer Unternehmer sein Geld verspielte. Ich war sehr allein in diesem großen Haus.

Aber dann kam wieder eine Zeit, wo er sich verzweifelt bei mir ausweinte, dann konnten wir uns wieder lieben, da war wieder Hoffnung.

So ging es in unserer Ehe hoch und tief, aber bald merkte ich, wie ernsthaft seine Sucht nach dem großen Geld war. Ich war voller Sorgen, nur meine beiden Jungs waren mein Ein und Alles.

So setzte ich mich ins Büro und arbeitete mich ein. Es offenbarte sich mir eine katastrophale Lage. Große Geldsummen waren vom Bankkonto bar abgehoben, ohne erkennbare Ausgaben. Die Bank mahnte schon mehrfach zwei Auftragsabrechnungen an, längst fällige Liefererrechnungen mit wiederholten Mahnungen lagen herum, Versicherungsbeiträge wurden angemahnt mit der Drohung, den Versicherungsschutz zu entziehen. Wir standen vor dem Konkurs, ich war einfach fassungslos!

Aber am Schlimmsten für mich war der Verdacht der Unterschriftsfälschungen für diese zwei fraglichen Aufträge. Hat Willi sich strafbar gemacht? Ein entsetzlicher Gedanke! Zum ersten Mal in meinem Leben erkannte ich, wie wichtig es ist in Geldangelegenheiten Ordnung zu halten,

Dankbar dachte ich an meinen Vater, von ihm hatte ich dieses alles gelernt. Nun, im Erwachsenenalter, denke ich viel an ihn und entdecke Vieles in meiner Erinnerung.

Da saß ich nun vor den Trümmern meines ach so glücklichen Lebens! Meine beiden Kinder mit ihren unschuldigen, fragenden Augen gaben mir die Kraft, mit ihnen fröhlich zu sein. Sie haben das Recht auf eine unbeschwerte Kindheit, ich versuchte ihnen meine ganze Liebe zu geben.

So suchte ich im Büro nach der Wahrheit, das Sortieren und Ordnen, das Zusammenrechnen der Finanzlage halfen mir sogar etwas über dieses Ohnmachtsgefühl hinweg. Ich arbeitete mich mit steigernder Energie in diese Bürorealität ein. Hier wurde mein Überlebenswille aktiv, es musste doch einen Weg aus diesem Dunkel geben!

Als ich an diesem fraglichen Tag, nach dem Gespräch mit Hermann, nach Hause kam, sah ich meinen Mann mit fragenden Augen an, er war unglaublich nervös. Immer hatte ich ihn in solchen Situationen geschont und in Ruhe gelassen, heute aber ging das nicht. Er schaute mich unsicher an. Ich zwang mich zur ruhigen Stimme: „Bitte sage mir, wie steht es mit unserer Firma?" Er brauste auf, wurde aggressiv und versuchte mich einzuschüchtern. Aber ich fühlte plötzlich eine unheimliche Kraft und sagte ihm, dass ich alles wüsste.

Meine entscheidende Frage war: „Willi, sage mir bitte die Wahrheit, wer hat die beiden Auftragsgenehmigungen, die du bei der Bank eingereicht hast, unterschrieben?"

Es hat Stunden gedauert, bis tief in die Nacht und Morgenstunden, bis er nach vielen Ausflüchten, Wutausbrüchen und dann wieder Liebeserklärungen eingestehen musste, dass er die Unterschriften seines Freundes, der Mensch, der ihm die vielen Aufträge ermöglichte, gefälscht hatte. So waren meine Befürchtungen doch wahr. In mir stand plötzlich alles still, ich war entsetzt und ratlos, wusste nicht, wie ich mit dieser Situation umgehen soll. Ich glaubte, unser ganzes Leben ist zerstört.

Willi brach verzweifelt zusammen, er schwor mir, alles in Ordnung zu bringen, er zeigte mir tatsächlich einen kleinen zugeteilten Auftrag und sagte mir: „Ohne deine Hilfe geht es nicht weiter." „Wie meinst du das?", fragte ich.

„Du musst mit diesem Auftrag zur Bank gehen und versuchen, die Gelder für die Lohnauszahlungen zu bekommen, du bist geschickt im Verhandeln, ich schaffe das nicht mehr!"

So nahm ich meine ganze Kraft zusammen und ging mit klopfendem Herzen zur Bank, zu unserem Sachbearbeiter, den ich flüchtig kannte. Als ich vor ihm saß, konnte ich ruhig sprechen, wusste ich doch, was auf dem Spiel stand. Nach einigem Zögern und warnenden Worten gab er wirklich nach und genehmigte die Auszahlung der Gelder für die Löhne.

So ging es eine Weile weiter, es kam der Weihnachtsmonat 1950. Horst war nun zweieinhalb Jahre alt, Reiner sechs Monate. Ich ging mit Horst am zweiten Adventssonntag nachmittags in ein Weihnachtsmärchen.

Als ich nach Hause kam, standen im Flur zwei Koffer gepackt. Willi lief aufgeregt und fahrig herum, zog mich in ein Zimmer, machte die Tür zu und sagte: „Ich muss fliehen, für mich liegen zwei Haftbefehle bei Gericht, sonst komme ich morgen ins Gefängnis."

Ein Bekannter von ihm war gekommen und hat ihn gewarnt, er soll noch heute Nacht Deutschland verlassen.

„Aber wo willst du denn hin?", fragte ich.

„Ich habe schon vor einiger Zeit die Auswanderung nach Kanada, auch für dich und die Kinder, beantragt, ich tat es heimlich, um dich nicht zu beunruhigen, Ich fahre heute Nacht nach Genua, von dort nach Kanada", sagte er.

Ich starrte ihn an und konnte kein Wort sagen.

Er klammerte sich verzweifelt an mich. „Bitte verzeih mir!", rief er. „Ich habe dir einen Abschiedsbrief geschrieben, damit du beweisen kannst, dass du von der Flucht nichts gewusst hast."

Er nahm seine Koffer und verschwand im Dunkel.

***

Kapitel 5

Mit den Kindern allein, Versuch zu überleben!

Ich sah in die dunkle Nacht meinem Mann nach, ich wusste nicht, wie mir geschah, ich konnte mich vor Schreck nicht rühren, bis eine kleine Hand sich in die meine legte. Horst sah mich mit großen Augen fragend an, ich brach in einen fassungslosen Weinkrampf aus. Mein kleiner Sohn schaffte es mir zu zeigen, wofür mein Leben weitergeht. Ich nahm ihn auf den Arm, legte ihn wieder in sein Bettchen, er schlief sofort ein. Die ganze Nacht saß ich an den Bettchen meiner beiden Söhne und schaute ihnen bei ihrem unschuldigen Schlaf zu.

Langsam kamen meine Kräfte wieder, ich erinnerte mich an meine Kindheit, ich habe gelernt, ums Überleben zu kämpfen und fühlte, für meine Kinder werde ich leben, wir werden es schaffen. Ich wusste zwar überhaupt nicht wie, ich hatte nur noch etwas Haushaltsgeld, im Abschiedsbrief von Willi lagen 100.00 DM, sonst hatte er alles Geld mitgenommen.

So versuchte ich am anderen Morgen ganz normal in den Alltag zu gehen, frühstückte mit den Kindern, brachte Horst in den Kindergarten und überließ alles so, wie es wohl kommen wird.

Schnell wurde ich aus dieser bewusst gewollten, gewohnten Stimmung gerissen, als gegen 9.00 Uhr zwei Polizisten mit dem Haftbefehl für Willi vor der Tür standen. Ich bat sie ins Haus und zeigte ihnen den Abschiedsbrief. Sie schauten mich ungläubig an und fragten mich immer wieder, wo sich mein Mann aufhalten würde. Ich bekam eine polizeiliche Vorladung und wurde stundenlang vernommen, dann haben sie mich frei gelassen.

Das Gericht leitete sofort den betrügerischen Konkurs ein, ab sofort wurde alles vom Konkursverwalter bestimmt. Der

Gerichtsvollzieher kam und beschlagnahmte im Haus alles, selbst an meinen Zimmerpflanzen hing der „Kuckuck"! Mir blieben mit den Kindern unsere Betten, ein Kleiderschrank, die Küche mit Tisch und Stühle. Das Haus wurde versteigert, ich musste innerhalb von vier Wochen unser Haus verlassen. Welch eine unmögliche Situation, ich bekam große Angst, wie soll ich das mit meinen beiden kleinen Kindern schaffen?

Ich ging zum Sozialamt, um Sozialhilfe zu beantragen, aber niemand glaubte mir, dass ich mit meinem Mann keinen Kontakt habe. So musste ich immer wieder Fragebögen ausfüllen. Die Beamten trauten mir nicht, sie sagten: „Sie wollen uns doch nicht weismachen, dass Sie nicht wissen, wo Ihr Mann ist?" Man glaubte mir einfach nicht, ich wurde mutlos und gab auf.

Also ging ich händeringend zum Arbeitsamt, um sofort Arbeit zu suchen. Ich bekam in einer großen Waschmittelfabrik eine Aushilfsarbeit, musste Waschpulver sortieren und in Behälter abfüllen. Horst und Reiner bekam ich in einem Kinderhort unter. So verdiente ich etwas Geld.

Willi war verschwunden, keine einzige Nachricht kam von ihm, ich hatte alle Hoffnung aufgegeben, ich dachte auch nicht mehr an ihn, zu groß war der Schock, den er mir angetan hatte.

Für mich galt nur noch, mein Leben mit meinen Kindern!

Ich suchte mir ein großes möbliertes Zimmer und hatte sogar nette Vermieter. Aber es gab keine Waschgelegenheit. So ließ ich in letzter Minute ein großes Waschbecken aus unserem Haus in das Zimmer montieren. Dies sollte mir später beinahe zum Verhängnis werden.

Nach einigen Wochen bekam ich am ganzen Körper einen juckenden Hautausschlag. Der Arzt verbot mir, in diesem Job weiterzuarbeiten. Wieder ging ich zum Arbeitsamt, zwar bekam ich etwas

Arbeitslosengeld, aber es reichte einfach nicht. Ich hatte Glück und bekam eine Stelle in einem kleinen Betrieb für leichte Büroarbeiten. In der Konkursphase unserer Firma hatte ich mir ja etwas Büroarbeit angeeignet. Vor allem habe ich erkannt, wie wichtig die Buchhaltungsarbeit in einem Unternehmen ist.

Langsam begann ich aufzubauen und war glücklich, für meine Kinder einigermaßen sorgen zu können. So vergingen die Monate, es wurde Sommer 1951, Horst und Reiner waren drei und ein Jahre. Mit der Zeit konnte ich wieder etwas an mich denken. Meine Leidenschaft für Gesang und Musik war immer noch stark in mir.

Schon in Posen, als junges Mädchen vor meiner Arbeitsdienstzeit, durfte ich am Stadttheater Posen im Opernchor mitsingen. Nach einer Gesangprüfung wurde ich sofort angenommen. Das machte mich ganz glücklich. Ich musste bei der Opernaufführung „Lohengrin" vor der Elsa von Brabant liegen, und sang mit großer Begeisterung. Ich dachte immer, dass ich doch ein großes Talent bin und man mich doch endlich entdecken müsste! Mein Vater und Li wussten nichts davon, sie interessierten sich nicht für das, was ich tue.

Nun hier in Wiesbaden, zehn Jahre später, suchte ich einen Gesangslehrer auf, um Gesangsstunden zu nehmen. Aber ich hatte kein Geld und erzählte ihm meine Geschichte. Er sagte: „Hilf mir etwas bei meiner Arbeit, dann kannst du bei mir singen."
    Das war so schön, ich vergaß ein wenig meine Sorgen. Wir sangen auch zusammen mit anderen Schülern, so lernte ich einen jungen Mann kennen, er war sehr schüchtern, aber er suchte immer meine Nähe. Oft sangen wir auch zusammen im Duett. Er hatte eine sehr schöne Baritonstimme, ich einen sehr hellen Sopran. Unser Lehrer sagte zu mir: „Sag mal, merkst du denn gar nicht, dass der Friedel in dich verliebt ist?" Ich hatte das so noch nicht wahrgenommen, nun aber sah ich ihn etwas mit anderen Augen. Ich bemerkte, dass

er doch ein sehr netter Mensch war und ganz leise entwickelte sich eine Sympathie. Wir erzählten uns viel und er fing an mir handwerklich etwas zu helfen. Er montierte mir z.B. eine Wäscheleine auf Rollen draußen vor dem Fenster, wie das damals üblich war.

Unser Gesanglehrer hatte mit uns für eine kleine Aufführung einige Gesangstücke einstudiert. Friedel und ich sangen:

„Kein Feuer, keine Kohle kann brennen so heiß,
wie heimliche Liebe von der niemand was weiß !"

Wir beide waren sehr aufgeregt und standen nun nebeneinander und sangen dieses Lied. Dabei passierte etwas mit uns, ich spürte beim Singen, wie ein Hauch von Wärme in mir war, ein Gefühl des Einssein mit diesem Menschen neben mir, wie ein leiser, warmer Sommerwind, der uns trägt in lichte Höhen! Wir standen da und sahen uns an, wir nahmen den Applaus gar nicht richtig wahr. Friedel nahm nur ganz selbstverständlich meine Hand, wir fühlten beide, wie sehr wir verbunden sind. Unser Lehrer sah uns lächelnd an.

Daraus entstand eine ganz besondere Liebe. Beide hatten wir ganz unterschiedliche Leben. Friedel kam aus einer streng katholischen Familie, ich mit meinen Kindern und der zerrütteten Ehe! Dies aber behinderte unsere Beziehung überhaupt nicht, wir liebten uns wie auf einem anderen Stern. Wussten wir auch beide, dass unsere Verbindung mit diesen, unseren Lebensumständen keine Chance für's Leben hatte. Trotzdem lebten wir unsere zarte, sehr sensible Liebe. Eine freilassende und doch so bindende wunderschöne Begegnung.

Jedoch, die Realität meines Lebens wurde mir immer wieder bewusst. Friedel gab mir zwar viel Kraft, aber ich grenzte ganz bewusst mein Leben von seinem ab, ich ließ keine finanzielle Hilfe zu, ich fühlte die Gefahren, damit meine innere Freiheit zu verlieren. – Dafür zahlte ich in meiner Zukunft einen hohen Preis, aber es war richtig.

Eines Tages kam ein Brief von Willi aus Kanada mit zehn Dollar
darin. Er schrieb über seine Erlebnisse und wollte, dass ich sofort
mit den Kindern nach Kanada komme.

Ich war total irritiert, eine so lange Zeit ohne Nachricht von ihm,
keine Frage, wie es mir und den Kindern geht? Gerade fing ich an,
mein Leben mit den Kindern etwas schaffen. – Ich schrieb Willi zurück, dass es so einfach nicht geht, dass ich kein Vertrauen mehr zu
ihm haben kann, von meiner Not und Verzweiflung die ich durchleben musste, er sollte mir erst beweisen, dass er für seine Familie
sorgen kann.

Einige Zeit schickte er mir wirklich einigermaßen regelmäßig wö-
chentlich zehn Dollar. Ich erkannte wenigstens den guten Willen,
bis diese Zahlungen wieder aufhörten und er sich monatelang nicht
mehr meldete.

Ich hatte mich gedanklich schon etwas damit beschäftigt, doch mit
den Kindern nach Kanada zu gehen. Horst fragte oft nach seinem
Vater, Reiner aber erinnerte sich nicht an ihn, er war noch zu klein,
als dies alles passierte. So stand ich zwischen Hoffnung und Enttäuschung, die Belastung zwischen beruflicher Unsicherheit und der
Versorgung der Kinder schien mir oft unüberwindlich.

Es war Herbst 1952, Briefe gingen hin und her, als eines Tages ein
ganz entscheidender Brief von Frau Reichel aus Kanada kam.

Vom Original: *East Conlee, 29. Okt. 1952*

„Liebe Frau Melle!

*Es ist mir unangenehm, Ihnen mit schlechten Nachrichten ins Haus
zu fallen, aber mein Mann sowie auch ich möchten gerne Klarheit
im Falle Ihres Mannes haben.*

Herr Melle wurde durch eine deutsche Familie in unser Haus ein-
geführt. Er kam mit dem festen Willen, hier in der Mine Arbeit zu
suchen. Durch die Fürsprache meines Mannes wurde er Mitte Au-
gust in der Mine aufgenommen. Nach kaum 14-tägiger Arbeit woll-
te er gerne entweder von der Mine oder von der Bank 350,00 Dol-
lar geliehen haben, was ihm aber abgelehnt wurde. <u>Nach einigen</u>
<u>Tagen bekam Ihr Mann einen Brief von Ihnen, wo Sie angeblich ein</u>
<u>Kind durch Frau Reinhard nach Canada schicken wollten, damit</u>
<u>Sie Zeit zu Ihrem Gesang- Studium haben.</u> Dazu benötigte Ihr Mann
aber Geld. Durch die Bürgschaft meines Mannes bekam Ihr Mann
150,00 Dollar von der Mine geliehen. Wie Ihr Mann aber das Geld
in der Hand hatte, zeigte er plötzlich eine ganz andere Gemütsart,
was uns stutzig machte. Mein Mann frug, wann er denn das Geld
für das Kind abschicken wolle? Darauf kam die Antwort: Erst muss
ich die vergangenen 2 Raten a 45,00 Dollar für den Wagen abschi-
cken und außerdem die Reparaturen. Dann war er uns auch noch
40,00 Dollar schuldig, was er auch zur Regelung seines Wagens in
Edmonton benötigte. Daraufhin war das Geld ausgegeben, aber für
das Kind war immer noch nichts da. Das hatte nach Ansicht Ihres
Mannes Zeit bis zum nächsten Lohn. Der nächste Lohn ging aber
wiederum für eine Fahrt nach Edmonton mit, um seine Familien-
angelegenheiten zu regeln. Er hätte eine persönliche Abrechnung
mit Herrn Reinhard wegen seiner Ehezwistigkeiten. Nach 3 Tagen
wollte Ihr Mann zurück sein. Stattdessen kam nach einer Woche ein
Brief an. Nach seinem Brief zu urteilen müssen Sie von drüben die
Scheidung eingereicht haben, was Ihrem Mann in Edmonton viel
Geld kostet.
Eigenartigerweise aber traf gleichzeitig von Ihnen ein Brief hier
ein. Außerdem teilte Ihr Mann uns mit, dass er ab Oktober eine
neue Arbeit in Edmonton hat. Seine Schulden aber bei der Mine
erwähnte er überhaupt nicht. Aber gerade diese Schulden machten
uns Sorgen und Ihr Brief stutzig. Wie ist es möglich, dass Sie einen
Brief hierher schreiben, aufgrund dessen mein Mann für das Kind

Geld besorgt hat? Fährt aber Ihr Mann nach Edmonton, muss er erfahren, dass dort die Scheidung eingereicht ist? Sie aber schreiben weiter hierher, also war seine Lügenhaftigkeit sichtbar.

Mein Mann hatte wirklich den besten Willen Ihrem Mann zu helfen, obwohl wir selber 5 Kinder haben, aber für die Prahlerei eines Anderen Bussgeld zu zahlen, – nein das kann er nicht.

Nach Eingang Ihres letzten Briefes haben wir in dem Koffer Ihres Mannes nachgesehen und bei der Durchsicht sind wir seiner Gesamtschulden gewahr geworden. Gleichzeitig fand ich auch einen Brief für Sie, welcher gar nicht abgesandt wurde. Außerdem je 2 Paar Söckchen für die Kinder.

Wie wir das gesehen haben, nahmen wir uns die Freiheit und öffneten Ihren Brief. Unser Erstaunen können Sie sich wohl vorstellen. Kein Wort von Scheidung. Nur die Sorge um die Kinder und das täglich Brot. Leider Gottes sind wir zu spät hinter seine Betrügereien gekommen. Er fährt einen Wagen, wofür er alle 14 Tage 45,00 Dollar zahlen muss. Er nimmt Geld auf und verpflichtet sich, alle 14 Tage 25,00 Dollar nebst Zinsen zu zahlen. Kauft ein Radio für 89,00 Dollar mit 15,00 Anzahlung auf Nimmer-Wiedersehen. Für Autoreparaturen kann er nicht aufkommen, die Rechnung kam hier ins Haus. 19,00 Dollar Verpflegung stehen bei mir auch noch offen.

Wenn der Mann für seine Frau nicht aufkommen will, dann doch wenigstens für seine Kinder. Aber seine Prahlerei und Großtuerei sind ihm wichtiger als das tägliche Brot seiner Kinder. Wie er sein Privatleben gestaltet, darf mich nicht interessieren. Allerdings kommt mein Mann auch nicht für seine Schulden auf.

Die Mine hat diesen Betrug der Polizei übergeben. Die beiden Rechnungen muss ich der Firma zurückschicken, da der Empfänger nicht mehr hier ist. Die Radiofirma wird sich wahrscheinlich auch bald melden. Da die zurückgelassenen Sachen innerhalb 4 Wochen nicht eingelöst worden sind, hat er kein Eigentumsrecht darauf. Die Wäschestücke, die Ihr Monogramm tragen, habe ich zurückbehalten, außerdem auch die Söckchen. Sie müssen sich nur noch etwas gedulden, da ich jetzt selber kein Geld mehr habe, um Ihnen das zu schicken. 2 Briefe von Ihrem Mann lege ich bei, damit Sie sich selber überzeugen können. Einen Brief für Sie, aber nicht abgesandt, und Ihren letzten Brief, den wir geöffnet haben.

Nehmen Sie uns bitte diesen Brief nicht übel, aber es ist besser, die nackte Wahrheit zu wissen, als in Kanada mutterseelenallein dazustehen. Denn Ihr Mann kann unter diesen Verhältnissen für Sie nicht aufkommen. Hier gibt es keine sozialen Einrichtungen, kein Krankengeld (Unfall ja), keine Medizin und keine Krankenhauskosten und Operationen, wenn Sie nicht das Geld auf den Tisch legen. Das Einzige, was hier Macht hat, ist der Dollar. Wir sind selber erst im Dezember in Kanada angekommen und sind nicht die Einzigen, welche sich nach den sozialen Einrichtungen Europas zurücksehnen.

Mein jüngster Sohn ist durch die Folge von Hirnhautentzündung auf einem Auge erblindet. Es kann durch eine Operation behoben werden, aber glauben Sie nicht, dass sich hier die Wohlfahrt bereit erklärt, hier zu helfen. In Europa eine Selbstverständlichkeit. Zwei Kinder haben sie mir von der Schule nach Hause geschickt, weil ich nicht in der Lage bin, die Bücher zu kaufen. Es mag unglaubwürdig klingen, aber es beruht auf Wahrheit. Sie sehen, auch so ist Kanada.

Mit freundlichen Grüßen und viel Glück für Sie und Ihre Kinder, Illa Reichel. "

Eine große Hoffnungslosigkeit erfasste mich, alles brach zusammen! Was ist nur mit meinem Leben los, dachte ich verzweifelt. Dieser Brief zerschlug meine kleinen Hoffnungen, die sich bei mir regten, nun aber bin ich allen Problemen ausgeliefert, wie soll es nur weitergehen? Es schien mir unmöglich, mit Willi weiter im

Kontakt zu sein, mein Blick ging in den Himmel, flehend bat ich um Hilfe in dieser ausweglosen Situation. Mir fiel das Sprichwort ein: „Wenn die Not am größten, ist Gott am nächsten", und ich kämpfte mich weiter durch. Ich war froh, in der Freundschaft mit Friedel viel Kraft zu bekommen, auch wenn ich diese ganzen Sorgen allein bewältigen musste.

Ich erkannte, das Leben bleibt niemals stehen, ist immer in Bewegung, es nimmt stetig weiter seinen Lauf! Aber zu welchem Zweck eigentlich, zu welcher Bestimmung? Diese Fragen beschäftigten mich immer öfter!

Inzwischen machte mir Reiner große Sorgen. Er war nun zweieinhalb Jahre und wurde krankheitsanfällig. Regelmäßig, von einer Minute auf die andere, bekam er Fieberkrämpfe am ganzen Körper, diese hielten drei bis vier Minuten an, danach hatte er über 40 Grad Fieber. Ich konnte nicht zur Arbeit gehen, dies geschah immer öfter.

Der Arzt sagte, dass Kinder dies öfter haben, dass es sich aber spätestens in der Pubertät herauswachsen würde. – Meine Arbeitsstelle war gefährdet, nach einer Weile kündigte mir der Chef mit der Bemerkung, er könne doch nicht laufend Sozialamt spielen. Ich fand zwar immer wieder Arbeit und verlor sie sehr schnell, wenn Horst und Reiner krank wurden. Alle Kinder bekommen Kinderkrankheiten, so auch meine beiden. Ich hatte niemanden, der mir helfen konnte.

Willi meldete sich in Abständen und schickte etwas Geld, und doch erkannte ich, dass ich es allein mit meinen Kindern nicht schaffe. So gab ich wieder dem Gedanken nach, trotz allem, was passiert war, nach Kanada zu gehen. Diese Unsicherheiten machten mich nervös und unzufrieden, eine große Ratlosigkeit erfasste mich. Die Beziehung zu Friedel wollte ich aufrechterhalten und doch wurde die Unbeschwertheit unserer Liebe belastet.

So erzählte ich ihm von meinem aufkeimenden Entschluss, mit den Kindern nach Kanada zu gehen. Ein unglaublicher Schmerz erfasste uns beide, nun spürten wir, wie stark unsere Gefühle füreinander sind. Er beschwor mich zu bleiben, er wollte das Geschäft seiner Eltern, welches auch sein Erbe war, aufgeben und einen anderen Beruf ergreifen. Seine Familie war fast bösartig, feindlich gegen unsere Beziehung, es wäre der Bruch mit seiner Familie gewesen. Ich erschrak, das konnte ich auf keinen Fall zulassen. Hier erkannte ich meine Pflicht, auch meinen Kindern gegenüber, eine Entscheidung zu treffen.

Der Antrag meiner Auswanderung lag noch beim zuständigen Amt, so plante ich meine Reise mit einer Bedingung an Willi. Ich verlangte von ihm, das Geld für unsere eventuelle Rückreise nach Deutschland auf ein Sparbuch zu hinterlegen. Wo er das Geld her hatte, wusste ich nicht, er legte dieses Sparbuch tatsächlich an. Ein kleiner Hoffnungsschimmer regte sich in mir. Ich erinnerte mich ganz bewusst an seine liebenswerten Seiten, seinen Humor und seine Sehnsüchte.

Immer wieder quälte mich der Brief von Frau Reichel, dann aber kam mir der Gedanke, Willi muss sich heimatlos in diesem fremden Land fühlen, er war sicher einsam und kam allein nicht zurecht. Der Gedanke, ihm Halt zu geben, der Wunsch, unsere Familie zu retten, erfüllte mich und mein Handeln. So bereitete ich meine Reise und den Abschied von Deutschland mit dem festen Wunsch vor, mit Willi ein neues, besseres Leben anzufangen. –

Ich war noch jung, es war sicher, nach allem was ich erlebt habe, naiv zu denken, es würde alles gut gehen. Damals aber standen der Druck und die Angst, mit meinen Kindern es nicht zu schaffen, so stark im Vordergrund, dass ich an das Gelingen einfach glauben wollte!

Aus unserem Haus hatte ich einige schöne Dinge retten können. Ich gab eine Anzeige auf, eine Familie kam und kaufte mir fast alle angebotenen Sachen ab. Eine sehr freundliche Familie, wir freundeten uns an, Oma Hasel stand mir in dieser turbulenten Zeit zur Seite. Schweren Herzens gab ich ihr das große, schöne Schaukelpferd, womit die Kinder so gern spielten. Ich hatte aber das Geld für die Reise immer noch nicht zusammen, so verkaufte ich das große Waschbecken in meinem Zimmer und ließ es abmontieren. Ich war sicher, dass ich das durfte, es war ja mein Eigentum.

Dann kam der Abschied von Friedel. Er nahm mich liebevoll in den Arm und sagte, er möchte mir einen Ring schenken. Ich trage ihn heute noch. – Wir wussten, dass sich unsere Wege trennen, aber unsere ganz besondere Liebe bleibt in unseren Herzen. Wir hielten uns an den Händen, konnten beide nichts sagen, dann gingen wir auseinander. Welch ein schmerzvoller Abschied, mein Herz wurde ganz schwer, ich drehte mich um und sah ihm das letzte Mal nach. Eine große Traurigkeit erfasste mich, sicher auch Friedel, aber wir wussten beide, diese gemeinsame Zeit wird immer als etwas ganz Besonderes in unserer Erinnerung bleiben.

Ich weiß heute nicht mehr, wie ich das geschafft habe, aber letztendlich saß ich nun mit meinen Kindern im Zug nach Bremerhaven, um dann nach Kanada eingeschifft zu werden.

Oma Hasel stand am Zug, damals konnte man noch die Zugfenster öffnen, mit Tränen in den Augen höre ich sie noch sagen: „Hoffentlich machen Sie mit dieser Reise keinen Fehler, wenn Sie zurückkommen wollen, unsere Tür steht immer offen."

Sie berührte mein Herz, ich spürte, wie sehr ich sie mochte.

Wieder, wie oft schon in meinem Leben, ein Neuanfang in die Ungewissheit, in ein großes Überlebensrisiko!

***

Kapitel 6

Versöhnungsversuch in Kanada, Enttäuschung!

Der Zug fuhr los, ich winkte etwas wehmütig zurück, mir wurde plötzlich klar, auf welches Abenteuer ich mich da einlasse. Mich überkam große Angst, die Heimat und alles hier zu verlassen. –

Die turbulente Vorbereitungszeit, das viele Hin und Her, die Trennung von Friedel, all dies ließ bei mir ein wirkliches Innehalten gar nicht aufkommen , nur eines wusste ich ganz klar, so ging es auch nicht weiter!

Plötzlich erkannte ich, diese Entscheidung, nach Kanada zu gehen, war unter dem Druck der großen Sorgen entstanden, unter der Angst, es allein mit den Kindern nicht zu schaffen. Erschrocken fühlte ich, für Willi ist in mir keine Liebe mehr, zu oft hat er mich im Stich gelassen. Diese Reise ist ein allein verstandesmäßiger Entschluss. Mir ging es an erster Stelle um meine Kinder Horst und Reiner, ihnen wollte ich die Familie erhalten. Mit diesem Wunsch verband ich wahrscheinlich auch eine kleine Hoffnung, dass Willi und ich im Neuanfang vielleicht doch eine Chance haben.

Horst und Reiner holten mich aus meinen Gedanken, der Zug fuhr schnell, sie waren beide sehr aufgeregt, was da so alles passierte. Wir fuhren erst zu meiner Schwester Anneliese und Familie, blieben zwei Tage, dann ging es weiter nach Bremerhaven. Hier mussten wir einige Stunden warten. Ich saß mit den Kindern in einem Wartesaal, als zwei Polizisten suchend hereinkamen.

Ich dachte, was ist denn hier passiert, und glaubte es kaum, sie steuerten direkt auf unseren Tisch zu. –

„Sie sind verhaftet", sagten sie, „Sie haben ein Waschbecken in Ihrer Mietwohnung abmontiert und verkauft, der Anwalt des Vermieters hat Haftbefehl erlassen."

Ich erklärte, dass das Waschbecken mein Eigentum war. – „Es war aber an die Wand montiert, deshalb durften Sie es nicht entfernen", sagten sie. – Es begann ein langes Gespräch.

„Sie können mich doch hier nicht einfach verhaften", rief ich, „ich habe mit meinen Kindern hier keine Bleibe mehr", und zeigte ihnen meine Auswanderungspapiere. Die beiden Polizisten besprachen sich, erfragten die Adresse in Kanada und ließen mich ausreisen. – Das fängt ja gut an, dachte ich. Horst fragte mich, ob ich etwas verbrochen habe. Ich erzählte ihm die Geschichte und beruhigte ihn.

Wir gingen auf ein großes Kombi-Passagier-Frachtschiff, ein aufregender Moment. Langsam legte das Schiff ab, Deutschland entfernte sich, mein Herz wurde ganz schwer.

Wir fuhren neun Tage über den großen Ozean, bis wir im Hafen von Quebec einliefen. Die Kinder waren so brav, mit großen Augen machten sie alles mit, immer waren sie mein Trost und meine Freude. – Von Quebec ging es dann mit der Eisenbahn weiter über Montreal nach Edmonton in Alberta. Wieder fuhren wir vier Tage und Nächte bis wir endlich in Edmonton ankamen.

Mein Herz klopfte rasend, als der Zug am Bahnhof einfuhr, nun werde ich gleich nach zweieinhalb Jahren Willi gegenüberstehen. – Ich erkannte ihn schon, als der Zug sich am Bahnsteig verlangsamte. Wir standen uns gegenüber, keiner sagte ein Wort, ich hatte gar kein Gefühl, ein fremder Mann stand vor mir. Ich glaube, ihm ging es genauso!

Ein kurzer, intensiver Augenblick, dann nahm er uns überschwänglich in die Arme und führte uns zu seinem großen Kombiwagen.

Horst begrüßte seinen Vater voller Freude, Reiner war sehr schüchtern, er kannte seinen Vater nicht und drückte sich fest an mich. Wir fuhren eine halbe Stunde in eine Wohngegend und hielten vor einem hübschen kleinen Haus. Als wir hereinkamen, staunte ich über diese sehr elegante Einrichtung, nichts fehlte, die Küche mit allen modernen Geräten, Wohn-, Schlaf- und Kinderzimmer, alles komplett eingerichtet. Ich sah Willi fragend an. Sofort fielen mir seine dürftigen Zahlungen ein. Ich fühlte eine große Befremdung. Wieder rief ich mich zur Ordnung und versuchte, Wiedersehensfreude vorzuspielen. – Es wird schon alles gut gehen, beruhigte ich mich, habe ein bisschen Geduld.

Ich wusste damals noch nicht, wie wichtig meine innere Stimme ist, warum ich intuitiv diese aufkommende Traurigkeit nicht beruhigen konnte. Heute lebe ich mit dieser Sprache meines Herzens, heute ist mir bewusst, dass es die Stimme meiner Seele ist, dass sie Hilfe und Wegweisung bedeutet. –

Aber ich wollte meine Familie wieder zusammenführen, in diesem fremden Land, wollte die anfängliche Liebe zu Willi wieder aufleben lassen. – Ich dachte nicht daran, dass sich das Leben nicht wieder zurückschrauben lässt. Diese gelebte Erschütterung, der Kampf in Deutschland haben bei mir Spuren hinterlassen, ich fühlte eine große Entfernung von diesem, meinem einst so geliebten Mann.

Mir wurde langsam klar, was der Begriff Liebe bedeutet, wie unglaublich vielgestaltig, aber auch irreführend sie sein kann! Alle diese Wahrnehmungen meldeten sich, so musste ich meine ganze Kraft zusammennehmen, um mich auf dieses neue Leben einzulassen, um uns eine Chance zu geben. Horst war mit seinem Vater voller aufgeregter Freude, Reiner war ängstlich, sein Vater war ihm fremd, er hielt sich immer wieder an mir fest. Ich legte die Kinder für die erste Nacht in ihrer neuen Heimat zu Bett, sie schliefen sehr schnell ein.

Nun kam die erste Nacht allein mit Willi, ich bemühte mich sehr, mit ihm in ein Gespräch zu kommen. Willi war sehr unsicher, langsam kamen wir uns etwas näher. Ich erzählte ihm von meinem Leben in den letzten Jahren, auch die Beziehung zu Friedel, ich wollte Vertrauen aufbauen und ehrlich unser gemeinsames Leben beginnen. Auch er fing an zu erzählen, so begann zaghaft etwas Offenheit zueinander, das machte mir Mut. Ihn nach der finanziellen Lage zu fragen. Bei einer Firma hatte er als Maler einen Job, wo er die Woche 80 Dollar verdiente, er sagte, dass er für kurze Zeit abends privat noch arbeitet, Fenster und Türen anstreicht, diese waren auch in der Garage. „Bis die Raten für die Einrichtung und für das Auto bezahlt sind", versuchte er mich zu beruhigen. In Amerika kann man alles auf Raten kaufen.

„Wie hoch sind denn die Raten?", wollte ich wissen.

„Wir haben genug zu leben", war seine knappe Antwort.

So versuchte ich mich einzuleben, Willi war den ganzen Tag bis spät abends zur Arbeit. Ich war ziemlich ratlos und allein in diesem Haus. Die Kinder lebten sich verhältnismäßig gut ein. Ich fühlte mich fremd und einsam, meine englischen Sprachkenntnisse waren gering, so wagte ich mich kaum unter die Menschen. Willi kam oft spät nach Hause, er war sehr wortkarg, ich kam an ihn nicht heran. Die lange Trennung hat uns entfremdet, es ging ihm wohl auch so.

Langsam regte sich in mir die Sehnsucht nach Deutschland! Sofort bekam ich ein schlechtes Gewissen und überlegte, wie ich es Willi gemütlich mache, wenn er nach Hause kam. Jede Woche gab er mir Haushaltsgeld, manchmal viel zu wenig, dass ich sehr oft nicht genug einkaufen konnte. –

Dieses Leben der Zuteilung und Abhängigkeit war ich nicht mehr gewohnt, ich hatte keinen Überblick, ich wollte unbedingt wissen, wie viel Schulden- und Ratenzahlungen wir haben, denn zum Monatsende war meistens kein Geld mehr zum Leben da.

Mit großer Mühe bekam ich von Willi endlich die tatsächliche Situation offen gelegt. Wir hatten monatlich so viele Raten zu zahlen, dass kein Geld mehr für den Lebensunterhalt übrig war. Ich war wie erstarrt, Ratlosigkeit erfasste mich, ich wollte es einfach nicht glauben.

Mir fiel der Brief von Frau Reichel ein, – ich dachte an Oma Hasel und ihre Abschiedsworte am Zug, – an den Kampf in Deutschland für meine Kinder zu sorgen, – zum ersten Mal ließ ich den Gedanken an Friedel zu! Wie ein Tsunami erfasste mich das Gefühl der Hoffnungslosigkeit meiner Situation. Noch nie habe ich mich so einsam und verlassen gefühlt.

Plötzlich war mir klar, Willi hat sich überhaupt nicht geändert, er war geldsüchtig ohne Beherrschung, ohne Grenzen.

War dieser jahrelange Kampf umsonst gewesen? Wofür habe ich in Deutschland alles aufgegeben?

Fragen über Fragen quälten mich. Ich war nicht mehr in der Lage, diese Realität richtig einzuordnen.

Ich hielt in diesem Gedankenchaos inne, ich suchte nach einer Erklärung für Willis Verhalten. Da fiel mir ein, in einer verzweifelten Stunde hatte er mir einmal von seiner Kindheit erzählt: – Seinen Vater kannte er nicht, seine Mutter wollte ihn nicht, sie gab ihn in ein Kinderheim, ohne sich weiter um ihren Sohn zu kümmern. So wuchs er ohne Liebe auf und wurde ein streitsüchtiger, schwieriger Junge. Er kam in ein Heim für schwer erziehbare Kinder mit Zwang und Strenge, wobei er immer aggressiver wurde. Dies prägte seine Jugend und sein Leben.

Als Ersatz von Liebe und Wärme wurde sein Wunsch nach Geld und Reichtum immer stärker und entwickelte sich zu einem inneren Zwang.

Trotzdem ist es mir nicht überzeugend möglich, dies als Entschuldigung für seine Handlungsweisen anzuerkennen, in seinem Erwachsensein kann und will ich ihm die Verantwortung dafür nicht abnehmen.

In der Nachkriegszeit, in Zeiten der Armut, lernte ich seine überaus liebevolle, fröhliche und charmante Art kennen und lieben. Wie gerne denke ich an diese Zeit zurück. Jedoch nun, acht Jahre später, hat uns seine Kindheit mit allen Auswirkungen eingeholt.

Hier in Kanada wiederholt sich die finanzielle Katastrophe wie in Deutschland. Intuitiv fühlte ich, wie eine drohende Dunkelheit auf uns zukam. Ich nahm alle Kraft zusammen und dachte, dies darf sich nicht wiederholen, irgendwie müssen wir es hier schaffen.

Ich bat Willi, mir zu zeigen, wie man Fenster und Türen richtig anstreicht, um zu helfen, diese Situation zu meistern. Er zeigte es mir sehr gründlich, so ging ich abends in die Garage um anzustreichen, es gelang mir ganz gut. Es gab mir sogar ein wenig Ablenkung, etwas zu tun, um diese Schulden abzuzahlen.

Meine Sehnsucht nach Deutschland verdrängte ich. – Nur eines bedrückte mich sehr. Ich kam an Willi nicht heran, wir hatten keine Zeit füreinander. Die Frage drängte sich mir auf, – warum hat Willi uns eigentlich nach Kanada geholt?

Eines Tages sollte ich die ganze Wahrheit erfahren. Inzwischen hatte ich mit meinen Nachbarn etwas Kontakt bekommen, sie halfen mir bei der Sprache, ich stellte fest, dass die Kanadier sehr offene und freundliche Menschen sind. Ich erzählte meiner Nachbarin, dass mein Mann jeden Tag bis spät abends arbeitet und zeigte ihr stolz meine gestrichenen Türen in der Garage.

Ich bemerkte, dass sie mich sehr unsicher und zurückhaltend anschaute.

„Wissen Sie, wo Ihr Mann abends ist?", fragte sie.

„Ich kenne die Leute nicht, wo er arbeitet", antwortete ich.

Wieder sah sie mich eigenartig an, bis sie fragte: „Wissen Sie, dass Ihr Mann, bevor Sie kamen, nicht allein war? Er hat eine Freundin, dort ist er fast jeden Abend!" Ich sah sie ungläubig an, sie war sehr freundlich und bot mir Hilfe an. Es traf mich wie ein Keulenschlag. Wieder fiel mir der Brief von Frau Reichel mit dem Satz ein: „Sein Privatleben darf mich nicht interessieren."

Ich konnte es nicht fassen, ich verlor den Boden unter den Füßen. Ich rannte in das Haus und suchte nach dem Sparbuch für die

Rückreise nach Deutschland. Wie an einen Rettungsanker hielt ich mich an diesem Büchlein fest. Mein einziger Gedanke, nur zurück nach Deutschland !

Ich schlief keine Nacht mehr, ich überlegte und überlegte, es wurde mir klar, du schaffst es doch in Deutschland allein mit den Kindern gar nicht! Eine depressive Resignation erfasste mich, das Gefühl, mein Leben ist zerbrochen! So sah ich keinen Ausweg, meine Ehe hatte keine Chance mehr!

Ich betete inständig um Kraft und um einen Weg. Eines Nachts kam ein rettender Gedanke! Horst hatte zu seinem Vater guten Kontakt, Reiner war immer noch ängstlich. Ich fasste den Entschluss, erst mit Reiner in Deutschland eine feste Lebensgrundlage aufzubauen, um dann Horst nachzuholen. Ich war der festen Überzeugung, dass mir in Deutschland, wenn ich die Zustände in Kanada mit dem Brief von Frau Reichel bekannt gebe, das Sorgerecht auch für Horst zugesprochen wird.

Meine Lebensenergie kam zurück! Ich hatte einen Ausweg aus dieser Hilflosigkeit gefunden. Willi war ja den ganzen Tag nicht da, so konnte ich die Abreise vorbereiten.

Meinem Sohn Horst sagte ich, dass ich verreisen müsste, dass wir uns aber bald wiedersehen! Ich sehe ihn noch heute, oben auf der Treppe von Freunden stehen, ich winkte ihm zu, „Mutti kommt bald wieder", sagte ich leise, er winkt zurück und nickte. Ein schrecklicher Augenblick, der mich immer weiter verfolgte. Ein unbändiger Hass gegen Willi nahm mich gefangen.

Nun bin ich mit Reiner auf dem Schiff nach Deutschland!

Mit einem Abschiedsbrief verließ ich Willi, meinen geliebten Sohn Horst und dieses Land!

***

Kapitel 7

Zurück nach Deutschland, Neuanfang

Mit meinem kleinen dreijährigen Sohn Reiner an der Hand stand ich am Bug des Schiffes und sah über das Meer.

Mein Blick wollte sich gar nicht trennen von den wogenden Wellen, in immer veränderten Formen, ich suchte einen Halt, fand ihn aber nicht, konnte nur erkennen, dass Himmel und Erde sich berührten, ganz weit entfernt wurden sie eins, so einfach ist das? dachte ich! Manchmal sah ich ganz klar erkennbar, das dunkle Blau des Ozeans und den von der Sonne erstrahlten Himmel, sie begegneten sich, – oder ist es sogar die Rundung der Erde, die sich mir hier ganz, ganz weit entfernt zeigte? Ist das die Freiheit?

Ich dachte an Willi, an meinen Horst, ich sandte ihnen meine Gedanken, ich betete, dass es gute Gedanken sind. Für Willi aber konnten keine guten Gedanken aufkommen, das war mir nicht möglich, vielleicht schaffe ich es einmal später. Meinen Horst aber nahm ich gedanklich liebevoll in meine Arme, inständig dachte ich an ihn, bitte verzeih mir, dass ich dich verlassen habe, Tränen liefen mir über die Wangen, ich bin sicher, wir werden wieder zusammen kommen.

Ich sah in die Weite, wie tröstlich doch die Größe der Schöpfung ist!

Reiner zappelte herum, es war die Uhrzeit, die der Kapitän ankündigte, in dieser Stunde sehen wir Land, unser Schiff nähert sich Deutschland!

Wieder waren wir neun Tage unterwegs, zurück in die Heimat. Es war eine befreiende, aber auch eine unglaublich traurige Fahrt für mich. Vor drei Monaten kam ich mit meinen zwei Kindern voller Hoffnung und Erwartung in Kanada an, nun habe ich nur meinen

Reiner an der Hand! Die ganze Fahrt gab es in mir keine Ruhe, eine große Angst schlich in meine Seele, die Angst, ob es mir gelingen würde, Horst nach Deutschland zu holen.

Ich rettete mich etwas, indem ich mir alles von der Seele schrieb. Willi bat ich um Fairness für unsere beiden Kinder, ich wusste ja, er war nicht allein und hoffte deshalb auf Verständigung.

Immer wieder musste ich mir die vielen Situationen in Erinnerung bringen, um diese Rückkehr nach Deutschland vor mir selbst zu rechtfertigen. Ich schaute meinen kleinen Sohn Reiner an, nahm ihn auf den Arm, wieder fühlte ich, wie schon so oft, eine Kraft in mir und erkannte, dass ich in einer ganz großen Entscheidung meines Lebens stand. Ich drückte Reiner an mich und dachte, wir werden es schaffen!

In diesem Moment liefen die Menschen an Deck, Deutschland war zu sehen, langsam näherte sich das Schiff unserer Heimat.

Da erklang das Deutschlandlied, mein Herz wurde ganz weit, noch heute beim Schreiben dieser Zeilen nehme ich dieses unbeschreibliche Gefühl wahr, ein Gefühl, das alles beinhaltet, Freude, Erschütterung, das Glück, wieder in der Heimat zu sein, Hoffnung, Demut, Angst und letztlich das große Urvertrauen, das mich mein Leben lang begleitete. Ich spürte die Energie, mit meinem kleinen Sohn gehe ich nun in ein neues Leben. Ich werde wieder den Boden unter den Füßen finden, dachte ich, dann werde ich Horst zu mir holen. Der einzige Trost war für mich, Horst hat zu seinem Vater guten Kontakt.

Langsam fuhr das Schiff in Bremerhaven ein. Welch ein erhabener, großer Augenblick. Ich sah die vielen Menschen neben mir, mit großen Gefühlen hinter ihren bewegten Gesichtern. Welche Schicksale verbergen sich hier wohl in jedem Einzelnen? Sicher war ich mit dem Meinigen nicht allein. Das Schiff stand still, die

Brücke wurde heruntergelassen, wir betraten wieder deutschen Boden. Ich schaute mich um, sah meine Schwester Anneliese und meinen Schwager, glücklich nahmen wir uns in die Arme. Sie bauten mir die Brücke, in Deutschland wieder Fuß zu fassen. Ich konnte bei ihnen einige Monate bleiben, sie gaben mir den ersten Halt, ich war ihnen sehr dankbar dafür. Die Kinder Gisela, Dieter und Helmut waren groß geworden, Klein-Helmut, dem ich half, das Licht der Welt zu erblicken, war nun schon neun Jahre. Es war Oktober 1953, Reiner war mit seinen drei Jahren fröhlich und unbeschwert, wir beide wuchsen immer mehr zusammen.

Ich war voller Kraft und wollte unser Leben aufbauen. In der Berufsschule in Lemgo belegte ich sofort Kurse für Buchhaltung und Bilanzierung. Hatte ich doch über Willis Geschäft erkannt, wie wichtig es ist, richtig mit Geld umzugehen, benötigten wir doch eine finanzielle Grundlage, um unsere existenziellen Bedürfnisse zu sichern. Mit großem Eifer lernte ich und schaffte sehr schnell die nötigen Prüfungen. Damals arbeitete man noch mit dem amerikanischen Journal und den weitläufigen Soll- und Haben-Spalten.

Nun zog es mich in den Beruf. Ich fuhr nach Wiesbaden, um dort Arbeit zu suchen und ein möbliertes Zimmer für mich und Reiner zu finden, denn ich hatte ja nichts mehr und musste ganz von vorne anfangen.

Meine erste Handlung allerdings war der Gang zu dem Anwalt, der mich in Bremerhaven vor der Abreise verhaften wollte. Ich musste mit diesem Neuanfang in meinem Leben alles bereinigen, was nicht in Ordnung war.

So ließ ich mir einen Termin geben. Mit großen Augen sah mich der Anwalt an: „Sie sind wieder in Deutschland?", fragte er. Ich erzählte ihm kurz meine Geschichte und bat ihn, meine Schulden bezüglich des Waschbeckens mit monatlich 5,00 DM abzuzahlen, wenn ich eine Arbeit gefunden habe. Er war sichtlich erstaunt, wurde sehr freundlich und sagte: „Nun beginnen Sie erst mal den neuen

Start, ich wünsche Ihnen viel Glück, die Waschbeckenangelegenheit vergessen Sie mal." Ein Stein fiel mir vom Herzen. Das habe ich nun schon mal geschafft, dachte ich und war ganz glücklich.

Das Weitere war aber viel schwieriger, ich konnte kein Zimmer finden. Sowie ich von meinem Kind sprach, stand ich vor verschlossenen Türen. Niemand wollte mich mit Reiner haben. Wie haben sich die Menschen verändert, ich dachte an die Kriegszeiten, an die Flucht, an die große Hilfsbereitschaft. Neun Jahre nach Kriegsende, Deutschland war aus den Trümmern wieder fast aufgebaut, den Menschen ging es gut! Nun, vielleicht hatte ich ja auch nur Pech!

Letztendlich fand ich vorübergehend eine Bleibe in einem sehr fragwürdigen Haus, wo ich meine Tür immer fest verschließen musste.

Ich bewarb mich als Buchhalterin und bekam eine Probeanstellung bei einem Steuerberaterbüro. Ich zog mit Reiner nach Wiesbaden in dieses schreckliche Zimmer, ein Tisch, zwei Stühle, ein altes Bett. Das war eine Notunterkunft, die ich schnellstens ändern musste. Reiner war trotz allem fröhlich, er war ein gesundes Kind geworden. Die Fieberkrämpfe waren vorbei, ich konnte ihn gut in den Kindergarten geben und so fing ich meine Arbeit an.

Ich gab mich als bilanzsichere Buchhalterin aus, das war wohl etwas zu hoch gegriffen. Der Steuerberater merkte es schnell, ich war zu langsam bei der Arbeit. Nach kurzer Zeit sagte er: „Sie wollen eine bilanzsichere Buchhalterin sein, Sie haben zwar Talent, aber Sie sind höchstens eine Volontärin. Ohne Bezahlung mit einem kleinen Unkostenbeitrag können Sie bleiben." Ich war ziemlich ärgerlich, das kam für mich natürlich nicht in Frage und doch musste ich ihm ja irgendwie recht geben.

Ich bat meine Schwester um etwas finanzielle Hilfe und hatte Glück, in einem Farbenwerk wieder Arbeit zu finden. Auch hier klappte es nicht so gut. Noch einmal ging ich abends in einen fortgeschrittenen Buchhaltungskurs und erweiterte meine Kenntnisse.

Bei Hoco-Eisenhandel, einer großen Firma mit vier Filialen in Deutschland, bekam ich eine Chance. Der Steuerberater der Firma verlangte von mir eine Zwischenbilanz als Probearbeit, welch eine Herausforderung, ich arbeitete mit höchster Konzentration, denn ich durfte keine Fehler machen. Ich hatte Glück, der Chef gab meine Arbeit dem Steuerberater zur Prüfung, ich konnte es nicht fassen, er sagte: „Die können Sie nehmen!" Er meinte wirklich mich, denn es waren noch andere Bewerber da

Ich bekam als Chefbuchhalterin die Stelle meines Lebens. Ich war zuverlässig, fleißig, mir war keine Mühe zu viel, so konnte ich das Vertrauen meines Chefs erwerben. Nach einiger Zeit bekam ich „Prokura", ich hatte mir endlich meine Sicherheit erarbeitet. Inzwischen hatte ich auch ein etwas besseres Zimmer gefunden, winzig klein, aber sauber und gepflegt, bei einem sehr freundlichen, alleinstehenden Herrn. Ich konnte aber nicht ahnen, dass er sich sofort in mich verliebt und wohl seine Wünsche und Pläne mit mir hatte.

Nachts ging er rauchender Weise vor meinem Zimmer auf und ab, meine Zurückweisung war wohl sehr schlimm für ihn. So musste ich wieder eine neue Bleibe suchen.

Reiner war das Hin und Her schon gewohnt, er machte alles mit, als wäre das ganz selbstverständlich. Wenn ich ihn aus dem Kindergarten abholte, flog er mir entgegen, er war meine große Freude. Sonntags gingen wir in die Kirche, dann in den schönen Kurgarten, Reiner bekam seine Cola.

Durch Zufall lernte ich ein Ehepaar kennen, sie hatten eine Buchhandlung in Wiesbaden. Als sie von meiner Situation hörten, boten sie mir sofort zwei kleine Zimmer in ihrer Wohnung an. Wir freundeten uns an, schnell fühlte ich, hier bin ich nun gut in Deutschland angekommen! Reiner bekam sogar ein kleines Kinderzimmer für sich, ich hatte einen etwas größeren Wohn-Schlafraum. Ich richtete alles schön ein, wir beide hatten ein Zuhause!

Bisher schämte ich mich mit meinen dürftigen Verhältnissen und nahm deshalb mit meinen früheren Freunden keinen Kontakt auf. Nun aber konnte ich Oma Hasel aufsuchen. Ihre Freude war groß, sie schloss mich in die Arme: „Ich wusste, dass Sie zurückkommen!", sagte sie.

Auch Friedel konnte ich nun wiedersehen, vorher musste ich erst mein Leben in den Griff bekommen. Wir begegneten uns, beide waren wir tief bewegt, sahen uns in die Augen, eine mir bekannte Wärme spürte ich, ein Gefühl der selbstverständlichen Nähe erfasste uns. Sein Abschiedsring an meiner Hand begleitete mich immer. Ohne viele Worte ließen wir unsere Gefühle zu, plötzlich war alles leicht und einfach!

Langsam erzählte ich ihm meine Erlebnisse, dabei wurden mir der Schmerz und die Sehnsucht nach Horst bewusst, ich sagte ihm, dass ich alles tun werde, um Horst so schnell wie möglich nach Deutschland zu holen. –

Friedel sah mich lange ernst an, dann sagte er das für mich Unfassbare! „Reiner kann ich annehmen, aber zwei Kinder, das glaube ich nicht, lass doch Horst bei seinem Vater in Kanada."

Es traf mich zutiefst, aller Zauber der Gefühle war wie weggeblasen. Ich konnte kein Wort sagen, so standen wir uns ratlos gegenüber, mit einem traurigen Kopfschütteln verließ ich ihn. Ich wusste nun, niemals werde ich auf Horst verzichten können! –

Das war das Ende einer außergewöhnlichen Liebe, die aber von ihrer Wärme und Besonderheit in meinem weiteren Leben nichts verloren hat. Das Leben ging nur weiter und veränderte sich!

Mir wurde bewusst, auch die drei Monate in Kanada haben bei mir auch wieder Spuren hinterlassen. Nun war mir klar, es ist an der Zeit, Horst zu mir zu holen. Der Trennungsschmerz von meinem Kind überwältigte mich wieder in einer Intensität, die viel stärker war, als die eben verlorene Liebe.

Intuitiv fühlte ich, dass ich meine ganze Kraft benötigen werde, um mein Leben in Ordnung zu bringen. Das bedeutet, um Horst zu kämpfen, – den brüderlichen Kontakt von Horst und Reiner zu fördern, – die Fairness bei der Scheidung zu erreichen, – mein Leben zu festigen.

Da ich wusste, dass Willi eine deutsche Krankenschwester als Partnerin hat, war ich etwas beruhigt in der Hoffnung, dass vielleicht der Scheidungsverlauf im einigermaßen guten Einverständnis möglich ist.

Ich nahm den Telefonhörer auf und machte einen Termin beim Rechtsanwalt, um die Scheidung einzureichen und das Sorgerecht für Horst und Reiner zu beantragen.

***

Kapitel 8

Der Kampf um Horst, das Versprechen!

Die Sonne strahlte Licht und Wärme an diesem fröhlichen Tag in unseren kleinen Schrebergarten. Es ist das Jahr 1962, mein Sohn Reiner ist nun schon zwölf Jahre, meine Töchter Sabine und Renate fünf und vier Jahre. Wir sind bei einem lustigen Sommerfest mit Eierlaufen für die Kleinen und spannenden Spielen für die Großen.

Ich habe wieder eine Familie, zwei gesunde, goldige Töchter und meinen Sohn Reiner. Mein Mann Eric ist ein Beamter im Bundesministerium. Wir trafen uns bei Oma Hasel, aus anfänglicher Freundschaft kamen wir uns näher, es entwickelte sich unsere fröhliche Familie. Eric und ich hatten viele Gemeinsamkeiten, die Liebe zur Natur und zum Garten, die freundschaftlichen Beziehungen zu vielen Menschen, einfach ein entspanntes, die schönen Seiten genießendes Leben. Eric konnte sehr lustig sein, wenn er beim Witze erzählen Resonanz bekam, gab er einen Witz nach dem anderen zum Besten und hörte gar nicht mehr auf. Es war mir immer ein Rätsel, wo er die wohl alle herholte! – Am Lustigsten aber war, wobei man aus dem Lachen gar nicht mehr herauskam, wenn er sich selbst darüber halb kaputt lachen konnte. Ja, wir waren jung, trotz all den gelebten Erfahrungen.

Aber es gab in mir noch diese andere Seite. Da waren die Schatten der Vergangenheit!

Eric gab mir das Versprechen, mir zu helfen, Horst nach Deutschland zu holen, das gab mir etwas Sicherheit. Wir hatten nun einen schönen Schrebergarten, ich sah Reiner beim Ballspiel zu, er war eifrig und freudig dabei, und doch dachte ich, ob er wohl wirklich glücklich ist? Meine Gedanken gingen zurück an unsere gemeinsame Zeit, als wir beide aus Kanada zurückkamen, an den

Berufskampf, den verzweifelten Kampf um Horst, die vielen Bemühungen, immer wieder nach Horst zu suchen, um mit ihm Kontakt zu bekommen.

Über das Auswärtige Amt in Kanada, über die Kirche mit Pfarrer Badke in Edmonton und letztlich über den Internationalen Sozialdienst hier in Deutschland kämpfte ich jahrelang um meinen Sohn. Die vielen Briefe an Willi und Horst, die gemalten Bildchen von Reiner an seinen Papa, alles blieb unbeantwortet. Wenn Reiner aus der Schule kam, war oft seine Frage „Ist Post aus Kanada gekommen?" Es tat mir so weh für ihn, Nein sagen zu müssen. Nach einiger Zeit hörte er auf zu fragen. Was ging wohl in seiner jungen Seele vor? Er sprach nie darüber. – Ich dachte an Willi, wie er die Karte seiner Tochter zerriss, dass sein Sohn Reiner hier für ihn nicht mehr existierte, – lebte er unter dem Zwang seiner eigenen Kindheit, ohne sich dessen bewusst zu sein?

Die Ernsthaftigkeit dieser Gedanken habe ich damals nicht erkannt.

Sicher trägt jeder Mensch auch bestimmte Gene der Eltern und Vorfahren als Erbe in unterschiedlicher Form in sich. Das muss nicht eine schicksalshafte Prägung sein, sondern wir haben bei der Geburt unsere individuelle geistige Selbsterkenntnis mitbekommen, um uns bewusst damit auseinanderzusetzen. Somit können wir unsere eigenen Entscheidungen treffen, wie wir unser Leben gestalten. Mit dieser Kraft der Lebensenergie haben wir die Möglichkeit, uns von Zwängen und seelischen Spannungen zu befreien, um Verantwortung für unser Tun und Handeln zu übernehmen.

Ich dachte weiter zurück, an diese schweren Jahre mit der unfairen Scheidung, wie Stück für Stück meine Hoffnungen zerschlagen wurden. – Ich hatte den Scheidungsprozess verloren und wurde „schuldig" geschieden, das Sorgerecht für Horst wurde dem Vater zugesprochen!

Ich konnte es nicht fassen und bat den Anwalt, in die Berufung zu gehen. Aber die Sehnsucht nach Horst und die Tatsache, ihn verloren zu haben, hatten mich in meiner Verzweiflung einen Brief an Willi schreiben lassen, den ich später tief bereuen musste. Ich bat Willi inständig, mich und Reiner wieder nach Kanada zu holen, ich schrieb ihm: „Wir beide haben Schuld an dieser Trennung", nur um mein verlorenes Kind wieder in die Arme schließen zu können, ich hatte meine Gefühle nicht mehr unter Kontrolle! Willi gab mir keine Antwort, sondern den Brief seinem Anwalt. Dieser Brief wurde mir als Schuldbekenntnis zur Last gelegt. Mein Anwalt war sehr wütend.

„Wie konnten Sie nur einen solchen Brief mitten im Rechtsstreit schreiben, damit haben Sie sich den Ast selbst abgesägt, auf dem Sie sitzen", sagte er.

Das beantragte Armenrecht für die Berufung wurde abgelehnt.

Ich denke zurück an diese Situation, an die schlaflosen Nächte und an meinen Entschluss, nicht aufzugeben! Ich kämpfte weiter gegen dieses ungerechte Schuldurteil. Ich suchte und fand eine Anwältin in Frankfurt, sie nahm sich meiner Geschichte an und versuchte einen nochmaligen Antrag für das Armenrecht, es wurde tatsächlich genehmigt. Sie setzte sich für mich ein, ich musste zwar Demütigungen und Beschuldigungen am Oberlandesgericht in Frankfurt über mich ergehen lassen, aber letztendlich wurde das Urteil revidiert in „beiderseitig schuldig"!

Dies wollte ich wenigstens meiner beiden Söhne wegen erreichen. Aber Horst musste in Kanada bleiben!

Ich war in Gedanken versunken, Eric setzte sich neben mich und holte mich in die Gegenwart zurück.

So war mein Leben einerseits von einem harmonischen Familienleben erfüllt, andererseits kämpfte ich um mein Kind in Kanada. Nach der Erkenntnis, dass es mir nicht gelang, Horst nach

Deutschland zu holen, versuchte ich den laufenden Kontakt zu ihm herzustellen, wobei ich vom Internationalen Sozialdienst in Deutschland wieder große Hilfe bekam. In langen Abständen gelang es mir, mit der Frau von Willi Briefkontakt zu bekommen, sie war fair, so erfuhr ich manchmal, wie es Horst geht.

Reiner kam in die Pubertät, er wurde sehr unruhig und immer verschlossener. Ich machte mir Sorgen um ihn. So sprach ich mit meinem Mann, ob er Reiner adoptieren würde oder wenigstens ihm seinen Namen geben könnte. Das Verhältnis zwischen Reiner und Eric war sehr angespannt. Eric war gereizt und ungeduldig mit ihm, seine beiden Töchter aber liebte er über alles. Ich beobachtete das sehr besorgt, es war zu spüren, dass Reiner nicht sein Sohn war. Eric lehnte die Adoption ab, mit der Begründung, er hätte für Reiner nicht die nötige Liebe.

Ich versuchte es mit der Namensänderung und schrieb nach Kanada für die Einwilligung des Vaters, denn er zahlte keinen Unterhalt und interessierte sich nicht für seinen Sohn. Als Antwort kam von Willi die Forderung, auf die Mutterrechte für Horst zu verzichten. Das kam für mich gar nicht in Frage, es entstand ein harter Briefwechsel.

Danach kam von Horst ein vom Vater diktierter Brief, dass er mich hasst und er keine Briefe und Päckchen von mir wünscht, dass seine Mutter in Kanada und nicht in Deutschland ist.

Das tat unglaublich weh, ich schrieb Horst zurück: „Ich akzeptiere deinen Wunsch, um deine Jugend nicht zu belasten, aber wenn du volljährig bist, werde ich wieder den Kontakt zu dir aufnehmen." Diesen Brief hat Horst nie bekommen, wie es sich lange Zeit später herausstellte.

Ich wusste nun, es werden viele, viele Jahre vergehen, bis ich die Hoffnung haben kann, meinen Sohn wiederzusehen! Aber ich hatte diese Mutterrechte behalten. Wieder half mir der Internationale

Sozialdienst! In regelmäßigen Abständen erzwang der Sozialdienst in Kanada die persönlichen Besuche, um Horst zu sehen und mit ihm zu sprechen. So bekam ich Nachricht, dass er gepflegt ist, gute Schulnoten hat, sehr ehrgeizig ist, und dass er eine Schwester hat. Dies war wenigstens ein kleiner Trost für mich.

Jedoch, ich wusste, dass sein Vater ihn im Hass gegen mich erzieht. Ich legte für Horst ein Sparbuch mit monatlichen Einzahlungen an.

Eric und ich waren mit den Kindern nach Oberkassel gezogen, wir haben ein vom Bund gefördertes, schönes Reihenhaus gekauft. Wir beide führten inzwischen ein sehr angespanntes Eheleben. Dadurch entstanden nervöse Gereiztheiten, die Reiner von Eric sehr oft zu spüren bekam. Ich versuchte Reiner zu schützen, es gelang mir aber nicht immer. – Später erkannte ich, dass es vielleicht der Zeitpunkt gewesen ist, mich noch mehr um Reiner zu kümmern. Ich dachte immer, Reiner hat wieder eine Familie, das ist gut für ihn. Die beiden Mädchen sahen in ihm ganz selbstverständlich ihren großen Bruder, sie waren fröhlich miteinander.

Um meiner Ehe wieder Harmonie zu geben, ging ich zum Eheberater, um Rat zu holen. Er sprach mit mir, wollte aber die Beratung nur mit meinem Mann zusammen beginnen. Ich bat Eric darum, aber er lehnte ab, sein Stolz ließ es nicht zu. – Ich wollte es einfach nicht wahrhaben, dass meine zweite Ehe scheitert, so entschied ich, mich operieren zu lassen, um die Angst vor weiteren Kindern auszuschalten. Durch die Äthernarkose bekam ich eine schwere Lungen- und Rippenfellentzündung, daran wäre ich beinahe gestorben. Meine Lunge war beidseitig voll Wasser, das Rippenfell entzündet, ich konnte nur noch im Sitzen ein wenig atmen. Mein Körper wurde von heftigen Fieberkrämpfen geschüttelt, tagsüber um 41 Grad und nachts mit Untertemperatur von 35 Grad. Die Ärzte konnten nichts mehr machen, ich fühlte, mein Leben geht zu Ende! Ich dachte an meine Kinder, die beiden kleinen Mädchen waren im Kinderheim, ich sah ein Foto von ihnen, wie traurig sie waren.

In meiner Not betete ich in der Nacht zu Gott, um mein Leben für meine Kinder, um die Kraft gesund zu werden. Ich schlief ein, am anderen Morgen wachte ich mit einer normaler Temperatur von 36,5 Grad auf. Die Schwester sah mich mit großen Augen an. „Ein Wunder ist geschehen!", rief sie und wirklich, ich fühlte meine wieder kehrende Lebenskraft, nach Wochen verlangte ich nach einem kleinen Frühstück.

Ich wusste, meine Gebete waren erhört worden, ich durfte weiterleben! Dankbar erkannte ich, es gibt in unserem Leben diese große Schöpfungsenergie, die wir Gott nennen, wenn wir uns an ihn wenden.

Welch eine wunderbare Wahrnehmung !

Die Jahre vergingen, ich wurde wieder gesund und versuchte mit Eric eine gute Ehe zu leben. Die Spannungen zwischen Eric und Reiner waren noch da, sie waren aber für mich nicht mehr so sehr erkennbar.

Sabine und Renate waren unzertrennbar, sie wuchsen wie Zwillinge auf, sie waren ja auch nur ein Jahr auseinander. Stolz brachten sie ihre guten Schulzeugnisse nach Hause, sie waren sogar auch öfter die Klassenbesten!

Ich liebte meine beiden Mädchen über alles, mit ihrem liebevollen, fröhlichen Wesen, trösteten sie mich oft über meine schmerzvolle Vergangenheit hinweg, ohne dass sie es wussten. Aber sie kannten meinen Schmerz um Horst, aus meinen Erzählungen und meiner Traurigkeit. Reiner ging der mittleren Reife entgegen.

Eric und ich aber entfernten uns trotz allem innerlich immer mehr voneinander. Seine Ablehnung gegenüber Reiner, die sich immer wieder zeigte, war eine bittere Enttäuschung für mich. Er hat sein Versprechen, meine beiden Söhne zu akzeptieren, nicht gehalten!

Ich ging wieder halbtags arbeiten und bekam als Buchhalterin in Bonn eine gute Position. Es tat mir gut, wieder im Beruf zu sein. Ich fuhr sehr oft in Konzerte nach Bonn in die Beethovenhalle. Meine Liebe zur Musik erwachte wieder in mir.

Bis eines Tages Reiner verschwunden war, er kam von der Schule nicht nach Hause, ich wartete bis nachmittags und bekam große Angst, ich suchte ihn auf dem Fußballplatz, überall in der Umgebung, bis ich ihn am Waldrand auf einem Baumstumpf sitzen sah. Ich nahm ihn weinend in die Arme, er lehnte sich an mich, sprach aber kein Wort.

Ich spürte, hier muss sich etwas ändern! Meine Sorge wurde riesengroß, ich fühlte, wie traurig er war. Ich sorgte für eine Abtrennung in meinem Schlafzimmer und nahm Reiner zu mir, um ihm Nähe zu geben, aber er blieb immer etwas verschlossen.

Den wirklichen Grund habe ich erst Jahrzehnte später, im hohen Alter, von ihm erfahren!

In der Firma machte mir die Arbeit Freude, ich half auch manchmal im Verkauf. Wir hatten unter anderem auch Buchhaltungszubehör im Angebot. Eines Tages wurde eine Kollegin krank, so war ich einige Tage im Verkaufsraum. Ein sehr gepflegter, schon etwas ergrauter Kunde wollte eine komplette Buchhaltungsausrüstung kaufen. Ich stellte ihm alles bereit und machte ihm ein Angebot. Es fiel mir auf, wie freundlich er war, vor allem strahlte er eine angenehme Ruhe aus.

Nach einigen Tagen kam er wieder und hatte noch Fragen, er zog mich immer wieder ins Gespräch, bald merkte ich, dass er sich gerne mit mir unterhielt. Danach war ich wieder in meinem Büro. Nach einiger Zeit kam meine Kollegin mit einem verschmitzten Lächeln zu mir: „Dein freundlicher Kunde ist wieder da, er möchte unbedingt nur von dir bedient werden." Ich ging zu ihm, wieder hatte er Fragen, aber ich merkte schnell, dass sie nur ein Vorwand waren. Er fragte mich ganz freundlich, aber fast schüchtern, ob er mich einmal zum Essen einladen dürfe. Ich war etwas irritiert und gab vor, in der nächsten Zeit sehr beschäftigt zu sein. Erstmal musste ich darüber nachdenken.

Eric wurde mir gegenüber immer gleichgültiger, es passte wohl nicht in sein konservatives Bild, dass eine Hausfrau und Mutter, auch wenn nur in Teilzeit, berufstätig war. Unser Eheleben war so gut wie auf den Nullpunkt gekommen! Er fing an, leidenschaftlich Briefmarken zu sammeln.

Nach drei Wochen kam mein freundlicher Kunde wieder ins Geschäft, diesmal keine Buchhaltungsfragen, sondern er hielt mir zwei Konzertkarten hin, ob er mich in das Konzert und danach zum Essen einladen dürfe. Er lächelte mich so warmherzig an, ich sagte zu.

Ein wunderschöner Abend, mein Begleiter war ein großer Musikliebhaber, seine freundliche ausgeglichene Art, inmitten meines unruhigen Lebens, tat mir gut. Ich erzählte von meinem Gesangstudium, von meiner Familie, aber sonst wenig aus meinem Leben. Seine Frau war vor einem Jahr an Krebs gestorben, er hatte zwei Söhne im Alter von Reiner. Mit einem inneren Wohlgefühl kam ich nach Hause.

Ich bemerkte, dass sich hier Gefühle entwickeln, ich war ziemlich durcheinander. Deshalb zögerte ich ein Wiedersehen hinaus. Seine ruhige, gütige Ausstrahlung berührte mich aber tiefer, als ich es mir eingestehen wollte. Ich musste immer wieder an den schönen Abend denken.

Ich kann nicht gut mit Heimlichkeiten leben! So erzählte ich Eric von dieser Bekanntschaft und dem Konzertbesuch. Er saß über seine Briefmarken, es berührte ihn kaum, jedenfalls empfand ich es so. „Hattest du da eine schöne Unterhaltung?", war seine Frage, ohne aufzuschauen. Ich stand noch eine Weile neben ihm, erstaunt und traurig entfernte ich mich.

Kann es wirklich sein, dass ich ihm so gleichgültig geworden bin, oder war es wieder sein Stolz, der es nicht zulässt, darauf einzugehen? Ich konnte meinen Mann nicht mehr einschätzen!

Mein Leben und meine Gefühle waren total aus den Fugen geraten. An eine Vertiefung dieser Bekanntschaft wollte ich gar nicht denken und doch nahm Maurits, so war sein flämischer Name, immer mehr Raum in meinem Leben ein. Ich lernte seine beiden Söhne kennen, wir machten die Kinder miteinander bekannt. Reiner wurde plötzlich lebhaft, ich bemerkte, dass er sich wohl fühlte. Es entstand eine Freundschaft, längst wusste ich, dass Maurits es ernst meint, es entwickelte sich in mir eine wachsende Zuneigung für ihn.

Mir wurde plötzlich bewusst, dass die Liebe sehr vielgestalt sein kann, dass ihre empfundene und gelebte Form sich verändern kann, und dass unsere Liebesfähigkeit in der Lage ist, sich unterschiedlich auszudrücken. Doch immer wird sie mit Wärme, Freude und Glücksgefühl verbunden sein. Genauso aber kann sie sich wieder entfernen und ihren Zauber verlieren!

Das Leben geht einfach seinen Weg, unaufhaltsam, in ständiger Bewegung bringt es Licht und Schatten, Herausforderungen, denen wir uns nicht entziehen können!

***

Kapitel 9

Große Familie, Freude, Luxus!

Die Hochzeitsglocken läuten für Reiner!

Ein wunderschönes, junges Brautpaar kommt strahlend aus der Kirche, mein Sohn Reiner hat mit seiner Marlene sein Glück gefunden. So jung und glücklich sehen sie aus, schauen erwartungsvoll in ihr gemeinsames Leben.

Ein wunderschönes Fest, ich schau in die Runde am festlichen Tisch mit Maurits und mir, Olaf und Michael, seine beiden Söhne, Sabine und Renate und vielen lieben Menschen. Reiner und Marlene eröffneten den Tanz, ein übermächtiges Gefühl erfasste mein Herz.

Ich sah Reiner von klein auf in seiner Kindheit mit seinen Kämpfen und Nöten, aber auch in schönen und guten Zeiten. Nun ist er erwachsen geworden, – tanzt in sein eigenes Leben hinein, ich kämpfte mit den Tränen.

Ich schaute Maurits an, er nickte mir beruhigend zu, er ahnte, was in mir vorging.

So konnte ich mich etwas zurücklehnen und schaute dem Brautpaar zu. Ich denke zurück an die letzte Zeit meiner Ehe mit Eric in Oberkassel.

Nachdem ich Eric von der Ernsthaftigkeit der Beziehung von Maurits zu mir erzählte, war seine Antwort: „Will dieser Mann dich heiraten?" Als ich ihm das bejahte, sagte er: „Dann ist es ja gut!" – Wieder verstand ich ihn nicht, ich konnte sein Verhalten einfach nicht mehr nachvollziehen.

Die Trennung von Eric vollzog sich nun ohne große Emotionen. Natürlich gab es auch Streitigkeiten, aber es ging alles sehr schnell. Ich sehe uns beide noch am Tisch sitzen, um zusammen eine Liste zu erstellen, wie wir unseren gemeinsamen Haushalt aufteilen. Mein Mann hat dies neben mir sachlich, wie ein Beamter, abgewickelt. So hat Eric mir die Trennung leicht gemacht!

Heute glaube ich es zu wissen, sein übermäßiger Stolz hat auch hier keine Gefühle zugelassen. Die Scheidung war im beiderseitigen Einverständnis innerhalb einer knappen Stunde ausgesprochen.

Damals wurde noch mit Schuldzuwendungen beurteilt, so brachten unsere beiden Anwälte grobe Unwahrheiten in ihre Verteidigungsschriften, um den Prozess zu gewinnen. Mit großer Mühe mussten Eric und ich immer wieder dem Richter erklären, dass wir keinen Streit wünschen. Wir waren uns einig, auch darüber, dass ich für Sabine und Renate das Sorgerecht bekam. – So wurden wir mit unserem Einverständnis beidseitig schuldig geschieden.

Als wir aus dem Gerichtssaal kamen, ging Eric freundlich, aber sehr aufgeregt auf mich zu und sagte: „Komm, wir gehen eine Tasse Kaffee trinken, das ist doch unverschämt, was die Anwälte da alles behauptet haben!" Ich sah ihn beinahe etwas belustigt an, so gingen wir also als frisch geschiedenes Ehepaar zusammen in ein Kaffee. Wieder einmal war ich total erstaunt, als wir uns dann gegenseitig versprachen, unsere beiden Kinder nicht zu belasten und fair miteinander umzugehen. Eric war mir sogar wieder etwas sympathisch. War er unbewusst etwas erleichtert, von der Ehe befreit zu sein, fast schien es mir so.

Ich denke heute: Jeder Mensch hat doch tief in seinem Inneren einen ganz eigenen, intimen Teil, den Gesang seiner Seele, den er für sich allein behält. Es ist sein individuelles Selbst, seine innere Stimme, die er nur selbst wahrnehmen kann, und das ist auch gut so.

So gingen Eric und ich mit einem etwas traurigen, aber guten Gefühl auseinander. Ich hoffte, dass er sein Versprechen halten wird, unsere beiden Kinder nicht zu belasten. Natürlich brachte das weitere Leben in dieser Richtung viel Bewegung, schöne und schwere

Stunden, diese gehören aber im Schwerpunkt zu den Lebenserfahrungen von Sabine und Renate, sie werden sich in den späteren Jahren mit einigen Herausforderungen auseinandersetzen müssen.

Maurits und ich heirateten, es war ein schönes, harmonisches Fest. Ich zog mit Reiner, Sabine und Renate nach Godesberg in sein Haus.

Es begann eine sehr schöne Zeit. Maurits – die Kinder nannten ihn Vava – war liebevoll und tat alles, um diese Familie zusammenzuhalten. Er war sehr großzügig, wir fuhren zweimal im Jahr, Sommer und Winter, in Urlaub, zur See oder in die Berge. Er war sehr stolz auf seine vielen Kinder und die große Familie.

Maurits kam aus einer sehr vornehmen Familie, er selbst hatte eine feine niveauvolle Art, das gefiel mir sehr. Von seinen Eltern hatte er ein kleines Vermögen geerbt, es war ihm ein Bedürfnis, damit unser Leben zu gestalten. Der Vater von Maurits war in Antwerpen ein berühmter Schriftsteller und flämischer Ministerpräsident in der Regierung. Selten erzählte Maurits von seiner Familie, aber ich bemerkte, dass sein Vater für ihn eine sehr dominante Persönlichkeit war und er noch immer einen sehr starken Einfluss auf seinen Sohn hatte.

Unsere drei Jungens waren nun in einem schwierigen Alter der Pubertät. Reiner war noch immer labil, es war für ihn nicht leicht, mit Olaf und Michael in Kontakt zu kommen. Trotzdem tat es ihm gut, aus dem Spannungsfeld mit Eric heraus zu sein. Er war spürbar fröhlicher und offener. Vava war für ihn der einzige wirklich gütige Vater. Dies zeigte sich später bei einem ganz besonderen Ereignis.

Die Zeit ging weiter, die Kinder entwickelten sich sehr unterschiedlich, Olaf war sehr musikbegabt und spielte Geige, außerdem war sein großes Hobby uralte Oldheimer! Stundenlang konnte er unter den Autos liegen und an ihnen herumbasteln. Michael war ein Träumer und Denker, er lag gern in seinem kleinen Dachzimmer auf dem Bett und träumte. Manchmal machte ich mir Sorgen um ihn. Als die Gelegenheit zum Schüleraustausch in USA kam, entschied Maurits für ihn, ein Jahr in USA bei einer Farmerfamilie zu leben, das hat ihm gut getan, er kam gesund und kernig zurück.

Sabine und Renate gingen auf das Gymnasium, in Renate erwachte eine große Tanzleidenschaft, sie ging begeistert in die Ballettschule von Frau Marè in Bad Godesberg. Sie wollte jeden Tag ins Ballett, ich bemerkte bald, dass dies bei ihr zum Berufswunsch wird.

Frau Marè rief mich eines Tages an und bat um ein Gespräch. Sie machte mich darauf aufmerksam, dass Renate ein großes Talent hat, und dass es ihr größter Wunsch ist, Tänzerin zu werden. – Ich wusste, Renate war schon immer ein sehr starkes Kind und ihre Leidenschaft war groß, ich wollte ihr nicht im Wege stehen. Aber es gab da einige Hindernisse zu überwinden. Das Gymnasium erforderte viel Lernenergie, dazu jeden Tag Ballett, das war auf die Dauer zu viel.

Sabine entwickelte sich zu einem tollen jungen Menschen, aber im Gymnasium fiel ihr die Fremdsprache Französisch schwer. Hier war eine Entscheidung nötig, vor allem über Renates Wunsch in die berufliche Tanzausbildung zu gehen. Entweder Abitur und studieren oder Realschule und Tänzerin! Für meine Renate war sowieso schon alles klar. Als ihr Vater das hörte, entstand zwischen Eric und mir ein heftiger Streit. Er wollte das niemals erlauben und ging sogar mit einer gerichtlichen Klage gegen mich vor. Die Klage wurde abgewiesen, ich bekam Recht, Renate konnte Tänzerin werden. Es war ihre Berufung, sie wurde und ist in ihrem Beruf sehr erfolgreich und glücklich.

Sabine und Renate wechselten in die Realschule, Sabine war froh, die schwierige Sprache los zu sein, und Renate ging täglich glücklich und stolz in die Ballettschule. So war für beide das Leben in Ordnung. Zu ihrem Vater hatten sie regelmäßigen Kontakt, auch Vava war väterlich zu ihnen, wir hatten ein schönes Leben, aber sicher haben beide auch oft ihren eigenen Vater vermisst.

Nun zu diesem besonderen Ereignis:

Reiner hatte inzwischen die Mittlere Reife, er war nun 18 Jahre und suchte den Kontakt zu Jugendlichen. Er ging öfter in die „Zwitscherstuben", ein Treff für junge Leute in Bad Godesberg. Eines Abends kam er von dort nicht nach Hause, morgens war sein Bett leer, wir dachten, dass er bei Freunden war, aber er kam auch tagsüber nicht heim. Ich fing an, mir große Sorgen zu machen und telefonierte überall herum, aber Reiner war verschwunden. Maurits sagte, dass wir es der Polizei melden müssen. Immer mehr Nächte vergingen, eine ganze Woche, meine Angst wurde riesengroß.

Eines Abends gegen 20.00 Uhr kam ein undeutliches, weit entferntes Telefonat aus Nizza, die Polizei fragte an, ob Reiner Melle unser Sohn sei, er wäre in Nizza auf der Straße festgenommen worden und sitze im Gefängnis. Ich war fassungslos!

Maurits behielt die Nerven. „Wir müssen sofort losfahren", sagte er, „die Nacht durch, dann sind wir morgen in Nizza, wir holen ihn da sofort heraus."

Wir sagten den Kindern, dass sie hier alles gut in Ordnung halten müssen, Maurits studierte die Straßenkarte für die Fahrt, nach einer Stunde saßen wir im Auto. Ich sah Maurits von der Seite an, so kannte ich ihn gar nicht, für mich war er ein ruhiger, sehr ausgeglichener Mensch, der lieber lesend im Sessel saß, als aktiv zu sein. Nun aber saß er am Steuer, eine starke Energie ging von ihm aus, ich lächelte ihn an, ich liebte ihn plötzlich sehr. Trotzdem er mit 68 fast 20 Jahre älter war als ich, führten wir eine gute Ehe in jeder Beziehung und das alles wohl dosiert. Aber nun tat es meinem Herzen besonders gut zu spüren, dass er für Reiner sofort da war, wie für seinen eigenen Sohn, und dass kein einziges ärgerliche Wort über seine Lippen kam.

So fuhren wir in die Nacht hinein, ich hatte ja den Führerschein, so konnten wir uns ablösen, allerdings bestand er darauf, die größte

Strecke zu fahren. Ab und zu hielten wir an, tranken einen starken Kaffee und so kamen wir tatsächlich im Morgengrauen Nizza immer näher.

Der früh kommende Tag mit einem wunderschönen Sonnenaufgang ließ meine Müdigkeit verfliegen, mein Herz wurde ganz weit, wie stark pulsiert doch das Leben!

Ich sah Maurits von der Seite an und erschrak, er fuhr mit halb geschlossenen Augen, er war völlig erschöpft. Ich übernahm das Steuer, er schlief sofort neben mir ein.

Ich war hellwach geworden, wir fuhren über ein Gebirge und hoch oben, im Licht der Morgensonne, sah ich auf Nizza, direkt am Meer, ein wunderschöner Anblick! Ich sah in den Himmel, mein Herz sagte „Danke!" Ganz weit da oben gibt es eine große Gottesenergie, dies fühlte ich ganz stark. Meine Gedanken näherten sich Reiner, ich konnte ihn gleich in meine Arme schließen!

Plötzlich fühlte ich auch die Verbundenheit zu Horst, zu meinem Sohn, der so weit entfernt von mir war!

Wir fuhren Nizza entgegen, waren bald in der Mitte der Stadt und standen vor dem Gefängnis. Ich war sehr aufgeregt, wir standen Reiner gegenüber, erschüttert nahm ich ihn in die Arme. Er sah schrecklich aus, konnte uns gar nicht ansehen, so sehr schämte er sich. Maurits nahm ihn ganz selbstverständlich, fuhr uns in ein tolles Hotel und sorgte zunächst für eine gute Unterkunft, Reiner nahm ein Bad, er sprach kein Wort, aber er war froh, dass wir da waren. Maurits gab mir ein Zeichen, ihn möglichst in Ruhe zu lassen. Als nächstes ging es zum Friseur, er sah schlimm aus mit seinen langen Haaren. Maurits kaufte ihm neue Klamotten, nach wenigen Stunden stand ich lachend vor meinem Reiner: „Na, ich erkenne dich ja wieder", scherzte ich, so konnte er etwas entspannen. Wir blieben einen Tag, um auszuschlafen, gingen gut essen, Reiner fühlte sich wohl und fing an zu erzählen.

Er war in den Zwitscherstuben in eine Gruppe geraten, sie planten in der Nacht ein Abenteuer, mit einem alten Pkw über die Grenze nach Frankreich zu fahren, sie hatten vor, Geldautomaten zu knacken! Reiner sollte Schmiere stehen, sie versprachen ihm einen Geldanteil. Er machte das mit, sie fuhren nachts über die Grenze und machten sich an einem Geldautomaten zu schaffen. – Reiner bekam Angst und entfernte sich mit noch einem Jungen aus der Gruppe. Beide versuchten per Anhalter weiterzukommen, bis Reiner allein blieb und in Etappen in Nizza gelandet war. Er hatte keinen Ausweis, kein Geld und wurde von der Polizei aufgegriffen. Man merkte Reiner beim Erzählen an, dass dies eine ziemlich heftige Erfahrung für ihn war.

Maurits war in dieser Situation großartig, es fiel kein böses Wort, ich dachte, lieber Reiner, hier hast du einen wirklich väterlichen Freund!

Maurits holte mich aus meinen Gedanken zurück in die Gegenwart und forderte mich zum Tanz auf, ach ja, Reiners Hochzeitsfest! Erleichtert tanzte ich mit Maurits einen Walzer, der uns beiden sehr vertraut war.

Ich sah Reiner und Marlene, was habe ich doch für eine bildhübsche Schwiegertochter, dachte ich, sie ist ganz glücklich mit Reiner und in unserer Familie. Die beiden hatten sich sehr schnell ineinander verliebt. Wir waren mit ihnen zusammen im Winterurlaub in den Bergen zum Skilaufen, eine schöne, fröhliche Zeit!

Nun sind sie ein glückliches Ehepaar, ich wünsche ihnen alles Glück dieser Welt!

***

Kapitel 10

Entscheidende Veränderungen, Antwerpen

In unserem Wohnzimmer sind Kinderstrickwaren ausgebreitet, schön anzusehen, bunt und farblich fein abgestimmt, von bester Qualität. Es ist die Kollektion von hochwertiger Kinderbekleidung für die Wintersaison. Maurits und ich sortierten sie und bereiteten das Angebot für die einzelnen Fachgeschäfte vor. Maurits hatte sich viele Jahre mit dieser Spezialvertretung einen festen Kundenstamm aufgebaut. Diese Kollektionen vorzuführen, war immer wieder anstrengend, ich fuhr zu den Kundenbesuchen mit, um zu helfen.

Maurits sah müde aus, ich machte mir Sorgen um ihn, er hatte in letzter Zeit eine traurige, ja, sogar etwas depressive Stimmung. Wahrscheinlich, weil die geschäftliche Entwicklung schwierig war, sie führte weg vom Einzelhandel, hin zu den großen Kaufhäusern. Durch diesen Trend bekamen wir immer weniger Aufträge, viele Spezialbetriebe mussten aufgeben und schließen.

Das schöne Haus in Godesberg war schon älter, inzwischen waren große Reparaturen nötig, auch dieses belastete uns sehr. „Wozu habe ich einen Beruf?", sagte ich zu Maurits, er winkte ab, davon wollte er nichts wissen, bis er auf meine Bitten dann doch einwilligte.

Ich bekam eine gute Anstellung als Buchhalterin im VDM.Verband deutscher Musikschulen in Bonn-Bad Godesberg. Dazu übernahm ich noch zwei Buchhaltungen von kleineren Geschäften in Heimarbeit. So schafften wir unser Leben besser, aber ich arbeitete bis in die Nächte. Um aber unsere finanziellen Sorgen besser in den Griff zu bekommen, entschlossen wir uns, das Haus in Godesberg zu verkaufen und dafür ein Streif-Fertighaus zu erwerben. Wir hatten Glück und fanden einen guten Käufer.

In Windhagen, auf der anderen Rheinseite in der Nähe von Königswinter inmitten von Natur- und Waldgebieten, entstand unser schönes Haus. Es war richtig aufregend, den Aufbau eines Fertighauses zu beobachten, zu sehen, wie unser neues Heim Schritt für Schritt entsteht, welch eine schöne Veränderung!

Ich saß mit Maurits auf unserer großen Terrasse, vor uns der schöne Garten mit den neu gepflanzten Obstbäumen, die Blumenbeete in voller Blüte, der Blick ins weite Land! Ich nahm seine Hand, wir sind etwas zur Ruhe gekommen.

Die drei Jungs waren erwachsen geworden und lebten für sich. Sabine und Renate erlebten ihre Jugendjahre bei uns in Windhagen. Gemeinsam richteten wir einen Partyraum im Keller ein, die Wände wurden im Backsteinmuster gestrichen, eine Theke, Fischernetze, dekorierte Ecken, hier wurde gefeiert und getanzt, manchmal kam auch die Jugend von Windhagen zu uns.

Ich sah Maurits von der Seite an, ich bemerkte schon lange, dass ihn etwas beschäftigte und bedrückte. Endlich fing er an zu sprechen: „Ich träume fast jede Nacht von meinem Vater, ich habe das Gefühl, er gibt mir eine Botschaft!" Fragend sah ich ihn an, dann sprach er, wie aus einem inneren Zwang: „Mein Vater hat seinen letzten Roman nicht zu Ende schreiben können, – er war doch ein großer Schriftsteller, das ist ein Vermächtnis an mich, ich glaube, ich muss nach Antwerpen gehen, um seinen Roman zu vollenden."

Ich war erstaunt und versuchte ihn zu warnen, dass die Zeiten sich verändert haben und dass dies doch eine riesengroße Anstrengung ist. Aber Maurits lebte bis in sein hohes Alter in Abhängigkeit von seinem sehr dominanten Vater. Er schlief immer unruhiger bis er sagte: „Diese Träume wiederholen sich immer öfter, das hat doch für mich etwas zu bedeuten!"

Der Gedanke, nach Antwerpen zu gehen, ließ ihn nicht mehr los. Dort lebte einer seiner Söhne mit seiner Familie, wir waren öfter bei ihnen zu Besuch, ich kannte auch das große Gemälde im Museum von Antwerpen, es zeigte seinen Vater als Schriftsteller mit seinen Büchern.

Maurits nahm Kontakt mit seinem Sohn auf, er besorgte ihm eine kleine Wohnung. Im Museum wurde er als Sohn des Schriftstellers willkommen geheißen und bekam ein eigenes Zimmer, um den Roman seines Vaters zu vollenden. Maurits zog tatsächlich nach Antwerpen, wie lange, wusste ich nicht.

Alles, was geschehen war, war letztlich für ihn schwer zu ertragen.

Der Verlust seiner beruflichen Grundlage, die damit verbundenen finanziellen Situationen mit allen Veränderungen, der Verkauf des Hauses, meine berufliche Tätigkeit. So wurde für ihn der Entschluss, nach Antwerpen zu gehen immer wichtiger, ich denke, auch um wieder selbst eine Aufgabe zu haben.

Trotz all dieser Überlegungen war es für mich eine große Enttäuschung! Maurits benötigte seine Rente, die sehr klein war, für sein eigenes Leben, ich blieb in Windhagen.

Ich gebe zu, dass sich nun auch der Altersunterschied von fast 20 Jahren bemerkbar machte. Maurits ging auf die 80, ich bereits auf die 60 Jahre zu. Ich sah darin eigentlich nie ein Problem, aber ich war noch voller Lebenserwartung und Freude, versuchte unsere Kinder zu verstehen und an der Weiterentwicklung des Lebens teilzunehmen. Maurits aber gab gedanklich sehr schnell auf und zog sich immer mehr in sich zurück .

So entstand in den letzten Jahren zwischen uns eine gewisse Entfremdung. Ich versuchte zu verstehen, dass dieser Schritt von ihm, zurück in sein vergangenes Leben zu gehen, sein Bedürfnis war, dies gelang mir aber nur teilweise.

In Windhagen waren die Bau- und Hauskosten noch nicht fertig abgewickelt, der Bauunternehmer war nicht ehrlich, er hielt sich nicht an den vereinbarten Kostenvoranschlag, dies alles machte mir große Sorgen.

Sabine wohnte in der Anliegerwohnung, sie war in der Lehre in einem Steuerbüro, ging diesen Berufsweg und wurde eine tüchtige Steuerberaterin.

Renate studierte in Köln an der Musikhochschule – Institut für Bühnentanz, später zusätzlich in Lugano, ihr weiterer Weg führte in den „Modern Tanz". Bald bekam sie Engagements in Flensburg, Hagen, Freiburg. Sie ist eine wunderschöne, glückliche Tänzerin geworden.

Ich dachte, dass Maurits zurückkommen würde, aber er hatte Schwierigkeiten mit dem Roman, bald merkte ich, dass er es mit der Fertigstellung des Buches sehr ernst meint, und dass es das Wichtigste für ihn geworden ist. So lebten wir uns auseinander, ich musste mal wieder in meinem Leben alles allein bewältigen.

In dieser Zeit entwickelte sich durch eine zufällige Begegnung eine Beziehung zu einem außergewöhnlichen Mann, unglaublich interessant, mit viel Charme, Abenteuerlust. großer Sprachintelligenz aber auch mit Freiheitsdrang und Unberechenbarkeiten.

Eine starke Affirmation ließ uns immer wieder zueinander streben, es entwickelte sich eine turbulente Beziehung. Ich sprang in dieses Abenteuer hinein, wahrscheinlich auch aus einem Trotz-Impuls, ich habe einfach mein ganzes vergangenes Leben beiseitegeschoben!

Diese Zeit wurde zu einem unglaublichen Lernprozess für mich, eine leidenschaftliche und sogar auch zeitweise sehr erfüllende Liebe entwickelte sich, aber ich musste meine Gedankenwelt total erweitern. Beweglichkeit und Toleranz üben, das – Festhalten wollen, in ein großes Loslassen wandeln –, das war die Herausforderung. Trotz unserer großen Wesensunterschiedlichkeiten gab es keinen Streit, sondern immer interessante, turbulente, offene Gespräche. So war diese Freundschaft trotz allem ein für uns ehrliches und sehr vielgestaltiges Erlebnis. Unsere Begegnungen wurden mit der Zeit seltener, mein Leben ging in meiner Richtung weiter, aber wir blieben Freunde und trotz Trennung durch gelegentliche Telefongespräche in loser Verbindung.

Es vergingen Jahre, ich stellte mich auf eine endgültige Trennung von Maurits ein. Die Kosten für das Haus waren zu hoch, die Wohnung für mich allein zu groß, die Fahrt jeden Tag nach Godesberg zur Arbeit zu aufwendig. Ich schrieb Maurits, dass wir das Haus wohl verkaufen müssen, er willigte ein. Seine schnelle Bereitschaft, unser Haus aufzugeben, traf mich sehr, er blieb lieber in seiner Vergangenheit.

Schweren Herzens trennte ich mich von diesem schönen Haus mit dem großen Garten, den vielen Blumen und Bäumen. Es war für mich ein kleines Paradies, weit weg vom Stress, Beruf und Stadt. – Ich fand sehr schnell einen Käufer, löste die noch offene Hypothek ab, den Rest, ein kleines Vermögen, teilten Maurits und ich je zur Hälfte. Maurits blieb in Antwerpen mit diesem, seinem Vermächtnis.

Ich dachte zurück an die vielen schönen Jahre, mit unseren Kindern, an unsere harmonische Liebe, ich suchte und fand ein gutes Fazit für unser gemeinsames Leben. Ich wollte das Gute und Schöne aus dieser Zeit in meiner Erinnerung bewahren.

Gedanken der Erkenntnis wurden in mir wach, dass das Leben zur Weiterentwicklung drängt und Veränderung bedeutet. Gedanken, dass wir Menschen uns auch ständig wandeln, indem wir bewusst oder unbewusst zu unserer eigenen, individuellen Bestimmung streben. Sicher ist es auch richtig so! So kann ich Maurits nun besser verstehen. Wir verloren uns aus den Augen, die Kontakte wurden immer seltener, Maurits lebte in seiner Welt, in meinem Leben entwickelten sich große Ereignisse.

Nach dem Verkauf unseres Hauses zog ich in eine kleine Wohnung in Bad Godesberg, Sabine fand ein Appartement in derselben Straße ganz in meiner Nähe.

Eines Tages kam die Nachricht aus Antwerpen von seinem Sohn, dass er für Mautits in einem Seniorenheim in Brühl bei Bonn einen Platz gefunden hat, weil er sich allein nicht mehr versorgen kann. Es berührte mich sehr unangenehm, dass ich in diese Entscheidungen nicht einbezogen wurde, dass auch Maurits keinen Kontakt zu mir aufgenommen hat.

Ich fuhr nach Brühl zu ihm, mir begegnete ein trauriger und auch sehr verletzter Mensch. Er fing an zu erzählen, dass sein Buch, die Vollendung des Romans seines Vaters, nicht Beachtung gefunden hat und es von keinem Verlag angenommen wurde. Ich bemerkte eine große Verbitterung bei ihm und versuchte ihm klar zu machen, dass mit den veränderten Zeiten, auch die Literatur sicher eine andere Art entwickelt hat. Er beklagte sich auch darüber, dass er im Kontakt zu seiner Familie in Antwerpen einsam gewesen sei.

Maurits hatte in Brühl ein kleines Appartement in einem gepflegten Haus mit guter Versorgung und ärztlicher Betreuung. Ich besuchte ihn öfter, wir hörten zusammen klassische Musik, aber die Vertrautheit war verloren gegangen.

Ich war im Beruf sehr angespannt und so lebten wir beide unser Leben. Ich war auf der Suche nach meinem Sohn Horst, nachdem er volljährig geworden ist.

Es war Winter, Sabine und ich fuhren zusammen ein paar Tage in die Berge, wir wanderten im verschneiten Wald und hatten einen schönen Kurzurlaub. Als wir nach Hause kamen, hatte ich die Nachricht, dass Maurits für immer eingeschlafen ist. Ich stand an seinem Totenbett, dachte an unser gemeinsames Leben, die schönen Jahre, die uns verbinden, ich fühlte, wir beide konnten Frieden schließen. Ich nahm Abschied von Maurits.

Die Wahrnehmung für das Leben erweitert sich, bei jeder Erfahrung und Herausforderung zeigt sich die Leere und die Fülle des Lebens!

Wie gehen wir wohl damit um? Wo ist der Weg?

***

Kapitel 11

Horst, nach 28 Jahren, Familienzusammenführung, sein Tod!

Frankfurter Flughafen, ich stehe mit meiner Tochter Sabine und meiner Schwiegertochter an der Rampe „Ankunft"!

Welch ein großer Augenblick, wieder fühlte ich, mein Leben befindet sich in einer entscheidenden, pulsierenden Bewegung, mein Herz wird ganz weit, es schlägt meinem Sohn Horst entgegen.

Es ist das Jahr 1981, nach 28 Jahren kommt nun mein geliebter Sohn mit dem Flieger von Amerika nach Deutschland. Gleich wird er den Boden seiner Heimat betreten.

Endlich geht mein Wunsch in Erfüllung, Horst hier in Deutschland in die Arme zu schließen. Ein Warnruf wurde laut in mir: „Dein Sohn ist ein erwachsener Mann geworden, er kommt aus einer anderen Welt, er kennt seine Mutter nicht mehr, also halte deine Gefühle zurück, öffne dein Herz, aber überstürze keine Nähe!"

Nein, nein denke ich, ich will sehr vorsichtig sein, ich weiß, ich muss mich nun um Horst bemühen, es kommt die Stunde der Wahrheit, der ich mich gegenüber meinem Sohn stellen werde.

Eine große Dankbarkeit erfüllte mich in diesem Moment, eine Dankbarkeit meinen beiden wunderbaren Töchtern gegenüber, die mir all die Jahre des Kämpfens und Wartens auf meinen Sohn Horst mit ihrem kindlichen Mitgefühl, wenn ich traurig war, so sehr geholfen haben. Beide sind zu so liebenswerten Menschen herangewachsen, Sabine ist nun 24 und Renate ist 23 Jahre alt. Viele wunderschöne Zeiten verbinden uns, aber beide wissen auch um meine Tränen, all die Jahre um Horst.

So ist dies nun ein großer Augenblick für uns. Sabine und Monika neben mir, Renate ist bereits in Berlin, sie tanzt dort in einer

Gastspiel-Aufführung mit der Tanzkompanie des Stadttheaters Hagen.

Ich schaue auf die Ankunftstafel, einige Stunden Verspätung für die Ankunft des Fliegers aus USA wurden angezeigt. – Wir suchten einen ruhigen Platz in einem Warterestaurant. So konnte ich meinen Gedanken freien Lauf lassen.

Als Horst volljährig wurde, war dies für mich der Zeitpunkt, nach ihm zu suchen. Dies geschah immer wieder mit intensiven, aber ergebnislosen Bemühungen. Ich erfuhr, dass er sein Elternhaus sehr früh verlassen hatte und er im Vietnamkrieg war.

Jahr für Jahr versuchte ich es weiter, bis ich endlich Kontakt zu ihm fand. Er war jung verheiratet, mit Sheila, einer sympathischen jungen Amerikanerin. Ein loser Briefkontakt entstand, ich sandte Horst das im Sparbuch angesparte Geld, dann verging wieder eine lange Zeit, bis eines Tages die Nachricht kam, Horst und Sheila kommen nach Deutschland. Ich erfuhr, dass es Sheila war, die darauf bestanden hatte. Sie arbeitete in einem Reisebüro und hatte bei einem Preisausschreiben eine Reise in die Türkei oder nach Deutschland gewonnen. Horst wollte in die Türkei, Sheila machte zur Bedingung, entweder Deutschland oder keine Reise! Sie wollte, dass Horst endlich seine Mutter kennenlernt, sie hatte wohl viel von seinen Konflikten zu spüren bekommen, mit denen Horst, auch durch die Erziehung seines Vaters im Hass gegen mich, zu kämpfen hatte.

Ich habe es Sheila zu verdanken, dass ich Horst überhaupt noch einmal wiedersehen konnte. Das war eine wunderbare Geste von ihr, wofür ich ihr heute noch dankbar bin.

So erwarte ich die Beiden nun hier, sie sind im Anflug auf Deutschland. Welche Gefühle beschäftigen wohl Horst, ganz sicher sind es sehr angespannte Gefühle, es ist bestimmt sehr schwer für ihn, das empfinde ich ganz stark.

Welch ein Glück, ich hatte Sabine und Monika bei mir, sie werden dieser Begegnung mit ihren liebenswerten Wesen etwas Erleichterung geben.

Ich sah auf die Uhr und auf die Ankunftstafel, da stand, in 30 Minuten die Landung vom Flug aus USA. – Mein Herz fing an zu rasen, wieder standen wir an der Rampe, der Flieger war gelandet, welch ein Augenblick, ein Stoßgebet zum Himmel, dann stand Horst mit seinem Cowboyhut vor mir, ein großer junger Mann, ich hätte ihn unter hunderten von Menschen sofort erkannt. Wir standen uns gegenüber, ein ganz starker Impuls überkam mich, ich nahm ihn mit Tränen in den Augen in die Arme.

„Hallo Horst", konnte ich nur sagen, er ließ es zu, ich spürte ihn, hier habe ich einen ganz besonderen Menschen vor mir, das war mein erstes Gefühl. Ich sah Sheila an, mein Herz wurde ganz warm, ich umarmte sie, sofort waren wir uns gut.

Horst und Sheila blieben zehn Tage in Deutschland, welch eine wichtige, sehr emotionale Zeit, Horst rührte mein Herz! Ich war glücklich und traurig zugleich. Nach unserer ersten, sehr bewegenden Begrüßung hat sich eine angespannte Stimmung entwickelt, zu lange Jahrzehnte der Trennung und Entfremdung lagen zwischen uns. Meine Seele war übersensibel in dieser Situation, ich bemerkte die Anspannung von Horst, die voller Fragen und Unsicherheiten war. Manchmal wurden seine Augen und sein Ausdruck so finster, dass ich zutiefst erschrak.

Ich erkannte, die Brücke zueinander war schwankend und unsicher, es wird sicher ein langer, beschwerlicher Weg zu meinem Sohn werden. Wie gut konnte ich ihn verstehen, ja, ich war stolz auf meinen Sohn, stolz auf seine Ehrlichkeit, stolz, dass er mir nichts vorspielte, sondern er war meine große Herausforderung. Mein lieber Horst, dachte ich, du hast einen mutigen, starken Charakter.

Ich hatte einen Flug nach Berlin und in einem Hotel die Unterkunft für alle gebucht, Renate tanzte in der Tanzkompanie des Stadttheaters Hagen anlässlich eines Gastspiels in Berlin. In einem Berliner Hotel hatte ich für Horst, Sheila, Sabine, Renate und Monika (Reiner war beruflich verhindert) Unterkunft gebucht. Wir besuchten die Tanzaufführung, es war ein besonderes Erlebnis für Horst und Sheila, denn das Leben in Deutschland gegenüber Amerika ist sehr unterschiedlich. Horst saß neben mir, wir hatten gute Plätze und sahen Renate tanzen, wunderschön, der Tanz ist ihre Leidenschaft, das spürte man, sie tanzte für ihren großen Bruder!

Danach kam sie strahlend auf Horst zu, es berührte mich tief in meinem Herzen zu sehen, wie sie diesen für sie großen, fremden Mann ganz selbstverständlich als ihren Bruder begrüßte, als wenn sie zusammen aufgewachsen wären. Dankbar erkannte ich, wie sehr meine beiden Töchter Sabine und Renate mir hier zur Seite standen und wie sehr sie mit mir verbunden sind. Danach gingen wir alle zusammen ins Hotel, wieder fühlte ich den finsteren, fragenden Blick von Horst.

Mir wurde klar, wir beide müssen unbedingt zusammen ins Gespräch kommen, es gab bisher noch keine Gelegenheit dazu. Plötzlich sah ich Horst als kleinen Jungen vor mir, in Sekundenschnelle zogen die Bilder der 28 Jahre vorbei, mir wurde schwarz vor den Augen, ich brach zusammen.

Langsam kam ich wieder zu mir, ich lag im Bett, neben mir saß meine Schwiegertochter und hielt meine Hand. Mir wurde klar, meine Kräfte haben mich verlassen, zu stark war die Anspannung in meiner Seele, zu groß die Angst, meinen Sohn ein zweites Mal zu verlieren.

Ich schickte meine inständigen Bitten in den Himmel, um Kraft, um das Durchhaltevermögen, um in der Lage zu sein, diese meine Lebensaufgabe zu erfüllen.

Monika schaute mich mit ihren großen, schönen Augen an, sie tat mir sehr gut.

Am nächsten Morgen fühlte ich mich stark genug, ich handelte nur aus meinem Herzen.

Ich sah Horst neben mir an und sagte: „Wir werden bald zu unserem Gespräch kommen.", ich konnte ihn dabei zuversichtlich und liebevoll anschauen, er lächelte und nickte mir zu.

Mein Herz fing an zu jubeln, wir werden es zusammen schaffen, dachte ich!

Es folgte ein wunderschöner Tag, wir standen alle am Brandenburger Tor, vor dieser kalten, schrecklichen Mauer! Horst war sehr interessiert und sichtlich erschüttert. Als wir vor der großen Tafel standen mit den vielen Namen der Opfer, die im Versuch über die Mauer in die Freiheit zu kommen, ihr Leben lassen mussten. Wir standen zusammen davor und überließen uns eine Weile der Trauer und des Mitgefühls für die Menschen, die im Kampf um die Gerechtigkeit nicht weiterleben durften.

Dann ließen wir uns von dieser Stadt beeindrucken und waren zusammen fröhlich und entspannt. Wieder halfen Sabine und Renate mit ihrer offenen, herzlichen Art zu einem schönen Zusammengehörigkeitsgefühl.

Ein großes, wichtiges Erlebnis stand nun Horst bevor. Wir flogen zurück nach Düsseldorf, wo Reiner auf uns wartete. Ich wusste, wie wichtig es für Horst war, seinen Bruder kennenzulernen. Reiner war da nicht so emotional, oder er zeigte es nicht.

Wir landeten in Düsseldorf, Reiner sah uns entgegen, ich konnte nur ahnen, was in meinen beiden Söhnen vorging. Da standen sich nun die beiden Brüder gegenüber, zwei junge starke Männer, die nichts voneinander wussten und kannten.

Wieder kam mir das Bild in Erinnerung, meine beiden Jungs als Kleinkinder, Hand in Hand. Ein großer Schmerz überkam mich wieder anzusehen, wie sich die beiden als Erwachsene gegenüber stehen, jeder eine andere Heimat, eine andere Kindheit, ich spürte in dieser Situation, sie sind sich fremd! Hoffte ich doch so sehr, dass sie zueinander finden werden und dachte, dafür werde ich alles mir mögliche tun.

Horst suchte nur immer wieder die Nähe seines Bruders, es gab plötzlich nichts Wichtigeres für ihn. Reiner aber war eher distanziert, ich habe ihn großgezogen und konnte ihn trotzdem manchmal nicht einschätzen.

Erstaunt und nachdenklich nahm ich wahr, dass Horst, trotz seiner gelegentlich finsteren Mimik, nach so langer Trennung offener war und auch seine Gefühle besser zeigen konnte, als Reiner. So musste ich mich immer wieder neu auf meine Söhne einstellen.

Bei mir zu Hause, in meiner kleinen Wohnung, kamen wir etwas zur Ruhe. Wir saßen zusammen am runden Tisch, kamen uns näher, meine Freude war riesengroß, meine Kinder zusammen zu sehen. Ich lenkte das Gespräch in die Vergangenheit, hatte ich doch für Horst und Reiner alle Unterlagen, Briefe und Belege aufbewahrt, um meinen Söhnen einmal beweisen zu können, was sich in Wahrheit abgespielt hatte. Instinktiv fühlte ich, dass ich vor allem Horst nicht überfordern durfte, er war sehr angestrengt durch die vielen emotionalen Erlebnisse. – So erzählte ich nur das Wichtigste, allerdings musste ich ihn fragen, ob er damals meinen Brief erhalten hat, als Antwort auf seinen entscheidenden Brief, der von seinem Vater diktiert war, dass er in Deutschland keine Mutter hat und er keine Post von mir wünscht.

Horst sah mich erstaunt an und schüttelte den Kopf. Ich zeigte ihm den Brief, es war so ein trauriger Augenblick. Horst warf sich weinend in den Schoß von Sheila, seine ganze kindliche Einsamkeit zeigte sich in diesem Moment.

Horst und Reiner reagierten auf das, was sie da hörten, aggressiv, sie wollten mit ihrem Vater abrechnen, ihn zur Rede stellen.

Ich dachte an Willi, warum nur muss dieses hier passieren, warum mussten seine beiden Söhne ohne Vaterliebe aufwachsen, warum kannst du deinen zerstörerischen Hass nicht überwinden, fragte ich ihn gedanklich, wo immer du jetzt auch bist?

„Nein", sagte ich zu Horst und Reiner, „nicht Hass mit Hass antworten, euer Vater ist krank geworden, er hat ganz sicher schon
Antworten auf all das Geschehene bekommen. Lasst ihn in Ruhe,
versucht Frieden zu schließen, der Weg hat uns zusammen geführt,
das allein zählt, wir haben alle eine Zukunft."

Sheila holte Fotos aus ihrer Tasche, ich sah die Kinder von Horst
und Sheila, meine Enkelkinder, Kristina und Kimberly, sie waren
drei und ein Jahr, sie schauten mir auf den Fotos fröhlich entgegen.
Ich war so glücklich, sofort fasste ich den Entschluss, im nächsten Jahr nach Amerika zu fliegen. Es war der Anfang einer großen
Familienzusammenführung!

Dieser erste Besuch bei Horst im nächsten Jahr war noch gezeich-
net von einer ernsten, schweren Prüfung. Dieser Ordner mit all den
Unterlagen, die ich für Horst aufbewahrt habe, war in meinem Ge-
päck, ich konnte sie ihm in Deutschland nicht zeigen, zu groß war
die Belastung. Ich wollte unbedingt, dass meine Söhne die ganze
Wahrheit erfahren, ist doch dadurch ihr eigenes Leben auch stark
beeinflusst worden.

Horst holte mich am Flughafen ab, wir fuhren auf großen, breiten
Straßen, er fuhr ruhig und ausgeglichen, nicht schneller als 100km,
das war in den USA Tempolimit. Ich dachte an Deutschland, wo
sich auf unseren Straßen oft eine gefährliche Raserei abspielte. So
nahm ich dieses große Amerika sehr angenehm wahr, ich sah Horst
von der Seite an, wie sehr ich ihn liebte, diesen, meinen großen,
starken Sohn.

Wir fuhren in eine ruhige Siedlung, Horst hatte ein hübsches
Haus mit einer sehr schönen Aussicht auf die Berge. Sheila erwartete uns mit den Kindern, Kristina und Kimberly schauten mich
neugierig an, ich nahm sie auf den Arm, sie waren sofort zutrau-
lich, ich musste meine wenigen Brocken Englisch hervorholen, sie
sprachen ja kein Deutsch, das störte aber gar nicht, im Gegenteil,
wir fanden es sogar lustig. Ich war glücklich, Horst schaute sich das

alles belustigt an, ich fühlte mich gut, fast wie zu Hause. Ich muss aber schnellstens Englisch lernen, dachte ich.

Nach einigen Tagen kam ich abends mit Horst und Sheila ins Gespräch, ich fragte Horst, ob er sich einmal etwas Zeit nehmen könnte, ich wollte ihm die Unterlagen aus der Vergangenheit zeigen.
Sein Gesicht verfinsterte sich so sehr, dass mich eine große Angst beschlich, er sagte: „Nein, Mutti, das will ich nicht, davon will ich nichts wissen!"
Plötzlich war er ganz weit weg, er entfernte sich innerlich total von mir. Diesen finsteren Blick kannte ich ja schon aus Deutschland bei ihm, jedes Mal war ich zutiefst erschrocken! Ich schaute ihn lange an, mit Tränen in den Augen ging ich in mein Zimmer. Was war passiert? Hat seine Seele Schaden genommen? Ich war außer mir und völlig ratlos. Sofort war mir alles fremd, ein Gefühl der Hilflosigkeit überkam mich. Am liebsten wäre ich sofort zurück nach Deutschland geflogen, aber ich konnte nicht und das war gut so.
Die nächsten Tage schleppten sich so hin, nur meine beiden Enkelkinder schmusten gerne mit mir, das tröstete mich etwas. So ging es einige Tage, ich war ziemlich verstört, als Horst am Wochenende mich sehr ernst anschaute und sagte: „Mutti, wenn es dir so wichtig ist, dann bin ich bereit, die Unterlagen anzuschauen."

Was bin ich doch für eine Gefühlsbombe, dachte ich, ein Feldbrocken löste sich aus meiner Seele, sofort fühlte ich eine Erleichterung, ich sah Horst an und konnte nur „Danke" sagen.
Horst nahm sich Zeit und las sehr gewissenhaft die Unterlagen, ich lernte bei dieser Gelegenheit meinen Sohn immer besser kennen. So spürte ich intuitiv, wie tief noch in ihm seine Kindheit nachwirkte, wie sehr er bedürftig war, Erklärungen für alle seine unbeantworteten Fragen zu bekommen. In langen Gesprächen gab er mir die Gelegenheit ihm vieles zu erzählen, was er nicht wissen

konnte. Ganz langsam kamen wir uns näher, ich spürte auch in ihm eine Befreiung und Entspannung.

Nun konnte ich auch meine Gefühle besser analysieren. Ich will meine Söhne nicht beeinflussen, sie sollen nur die volle Wahrheit erfahren, dann ist es mir möglich, ihnen ihre freie Meinung zu überlassen.

Nun konnten Horst und ich sich entspannt gegenüber sitzen, wir lächelten uns an, wir mussten beide zur Ruhe kommen. Diese Gespräche werden noch lange in Horst nachwirken, sehr oft bekam er noch seinen finsteren Blick, aber ich konnte besser damit umgehen. Ich wusste nun, es wird alles in ihm seinen richtigen Platz finden, ich hatte ein gutes Gefühl für uns beide.

Es folgte eine wunderschöne Zeit, mein kleines Vermögen, durch den Verkauf unseres Hauses, ermöglichte es mir, die vielen gemeinsamen Urlaube jedes Jahr, teils in Amerika, teils in Deutschland mitzufinanzieren. Zu meinem 60. Geburtstag 1983 kamen Horst und Sheila mit den Kindern nach Deutschland, wir waren eine glückliche große Familie geworden. Auch Reiner und Monika waren oft dabei, aber die beiden Brüder blieben sich fremd, sie schafften es einfach nicht sich näher zu kommen.

So vergingen viele Jahre, sehr oft sagte Horst über seinen Bruder, er sei seinem Vater so ähnlich, auch ich musste das immer wieder bei Reiners Weiterentwicklung feststellen. Das Leben von Reiner spiegelte sich in der Parallele zu Horst, auch als sehr schicksalshaft ab. Ich stellte fest, dass er im Umgang mit Geld zunehmend seinem Vater ähnlicher wurde. Andererseits konnte er ein überaus gutmütiger und vor allem, fröhlicher Mensch sein. Seine tiefe Sensibilität aber bewahrte er in sich, er konnte sie nur sehr schwer zeigen.

So waren es auch die Geldangelegenheiten, die seine erste Ehe mit Marlene belasteten. Reiner und Marlene waren ein glückliches

Paar, Klein-Roland erblickte das Licht der Welt, die junge Familie schien komplett. Bis Reiner unruhig und nervös wurde, er fing an, zu viel Geld auszugeben. Meine Schwiegertochter aber hatte gerade im finanziellen Bereich eine sehr geordnete Auffassung, so gab es immer wieder Spannungen. Diese Situationen wurden in dieser jungen Ehe zu einer starken Belastungsprobe, sie haben es beide nicht geschafft. Die Ehe ging auseinander, mein Enkel Roland blieb bei meiner Schwiegertochter.

Reiners Leben wurde unruhig, aber mit seiner sehr sympathischen und charmanten Art hatte er viele Freunde. Bald begegnete er einer jungen Frau aus Waxweiler, einem kleinen Dorf in der Eifel. Monika hatte ein sehr liebevolles, ruhiges Wesen, Reiner verliebte sich, bald waren sie verheiratet. Beruflich war Reiner auf dem Weg zu einem erfolgreichen Versicherungskaufmann, als sein Schwiegervater kräftemäßig nicht mehr in der Lage war, sein Fuhrunternehmen zu führen. Reiner übernahm das Geschäft, damit nahm sein Leben eine entscheidende Wende.

Mit großer Sorge beobachtete ich bei Horst und Reiner die Sucht des Zigarettenrauchens! Meine beiden erwachsenen Söhne waren große, starke Männer geworden, sie ließen sich nichts mehr sagen, schon gar nicht, wenn es um die Gesundheit oder das Rauchen geht. Nun, ich musste sie loslassen, aber die Sorge wuchs, vor allem um Horst, er war sehr schlank und hatte manchmal ganz dunkle Ringe unter den Augen.

Kristina und Kimberly, meine Enkelkinder, flogen mir jedes Mal entgegen, wenn wir uns in den USA begegneten. Horst schlug dann immer lachend die Hände über den Kopf zusammen, er wirkte dann sehr fröhlich und entspannt.

Sehr oft war ich zu Weihnachten bei ihnen, ich zeigte ihnen unser deutsches Weihnachtsfest, die beiden Kinder standen dann staunend vor dem Christbaum mit den echten brennenden

Bienenwachskerzen, die ich aus Deutschland mitgebracht habe. In Amerika gibt es zu Heilig Abend eine schöne Sitte.

Man fährt ganz langsam durch Nachbars Straßen und bewundert die vielen weihnachtlichen Lichter und Dekorationen und Gedichte vor den Häusern, das war ein richtiger Wettbewerb von Haus zu Haus. Auch Horst fuhr mit uns durch die Straßen, die Menschen grüßten sich freundlich, es war wirklich schön, auch die Freude meiner Enkelkinder zu beobachten. So feierten wir deutsch-amerikanische Weihnachten.

Nach einiger Zeit konnte ich finanziell noch einmal mit Sabine und Reiner einen Besuch in Amerika ermöglichen. Es war Sommer, Horst fuhr mit uns in seinem großen Wohnmobil nach Kalifornien in ein großes Ferienhaus von Sheilas Familie, mitten im Wald an einem See.

Ich hatte die große Hoffnung, dass sich nun die beiden Brüder endlich etwas näherkommen. Leider blieb es aber auch hier immer nur bei einer zurückhaltenden Freundlichkeit, die aber mehr von Reiner ausging. Aber auch Horst konnte nicht über seinen Schatten springen und eine Brücke bauen. Ich war nicht mutig genug, da emotional einen Anstoß zu geben, das war sicher ein Fehler von mir. Es war aber trotzdem eine sehr gute und fröhliche Urlaubszeit.

Ich ging gerne auch mal allein in den Wald, um zu entspannen. Da stand ich plötzlich vor einer Baumgruppe, kahl, abgestorben, ohne Blätter, gespenstisch hoben sich die toten Zweige gegen den Himmel ab. Zum ersten Mal entdeckte ich ganz bewusst, dass ich vor einem Mahnmal stehe, die Umweltgifte zerstörten Wald und Natur! Ich war erschüttert, konnte es gar nicht fassen, mir wurde klar, dass sich hier eine große Bedrohung anzeigt, eine Gefahr, die uns alle auf dem ganzen Planeten angeht!

Sehr nachdenklich ging ich zurück, als ich eine Bemerkung machte, schauten mich alle verständnislos an, ich wollte die Urlaubsstimmung nicht belasten und behielt es für mich.

Ab diesem Zeitpunkt erkannte ich, dass der Mensch zerstörerisch und verantwortungslos gegen die Natur und Schöpfung handelt!

Es ließ mich nicht mehr los und sollte bis in mein hohes Alter ein immer dringlicher werdendes Thema für mich sein.

Viele Jahre vergingen, nun sitze ich wieder im Flieger nach Amerika, schaue fasziniert aus dem Fenster, über den Wolken in dieses tiefe Himmelsblau, es zieht meine Gedanken in die Freiheit der Unendlichkeit. Eine Weite erfasst mich, lässt mich eintauchen in diese kosmische Energie.

Alles Begrenzte, jedwede Enge sind verflogen, Kummer und Streit, alle wogenden Emotionen kommen mir in diesem Gefühl der Größe klein und nichtssagend vor, lassen mich gewahr werden, dass es dieses wunderbare, ewige „Sein" gibt. Unter mir ein bewegtes, bizarres Wolkenbild, in ständiger Veränderung, einmal golden erstrahlend vom Sonnenlicht, dann wieder drohend, dunkel sich aufbäumend.

Die Wolken teilen sich, der Blick nach unten lässt mich gedanklich wieder zurückkehren, spiegelt das Leben wider, so wie wir Menschen es wahrnehmen. Wenn wir uns für das strahlende Licht entscheiden könnten, wäre doch das Dunkel gar nicht mehr bedrohend, sondern gehörte einfach zum Leben! Unsere Erde wird sichtbar, so wunderschön mit den vorbei ziehenden Wäldern und Flüssen, Bergen und Tälern, mit den Städten und Dörfern. Jeder Einzelne von uns darf hier sein Leben gestalten, diese Erkenntnis macht mich reich und dankbar. Dankbar für diesen Flug nach Amerika zu meiner Familie. Ja, ich kann nun sagen, – zu meiner Familie –, nach über 20 Jahren der großen Familienzusammenführung, sie ist uns gelungen. Viele Herausforderungen haben wir durchlebt, viele wunderschöne Jahre der Gemeinsamkeiten haben uns vereint.

Meine Enkelkinder in Amerika sind erwachsen geworden, Kristina ist verheiratet, hat einen süßen Sohn, mein erstes Urenkelkind.

Nun fliege ich zur Hochzeit meiner Enkelin Kimberly, es ist jedes Mal ein glückliches Wiedersehen mit Horst, Sheila und den Kindern. Wir sind im Anflug auf Salt-Lake-City. Es ist immer wieder ein Erlebnis, die schöne Stadt mitten in den Bergen von oben zu sehen, sich langsam ihr zu nähern, bis wir gelandet sind. Gleich wird Horst, wie schon so oft, dort stehen und mich begrüßen. Ich gehe durch die Kontrollen und sehe ihn schon von weitem, freudig nehmen wir uns in die Arme. Ich sah, dass Horst sehr blass und angestrengt war, aber ich dachte, es ist der ganze Hochzeitsstress. So war es auch, drei Tage vor dem großen Fest, Kimberly war sehr aufgeregt, es gab noch viel zu tun.

Nun aber war es so weit! Eine wunderschöne, strahlende Braut kam in die Kirche, Horst führte seine geliebte Tochter Kimberly zum Traualtar. Ich fühlte mit ihm, seine tiefe Bewegung in seinem Herzen. Während der Trauung saß ich neben Horst in der ersten Reihe, ich legte meine Hand auf seine, er ließ es zu, wir verstanden uns.

Ein Fest voller Freude folgte, Kimberly und Cris waren ein glückliches Paar. Nur Horst konnte seine Traurigkeit nur sehr schwer verbergen. Ich beobachtete, dass er Kettenraucher geworden ist und war über seinen Gesundheitszustand sehr besorgt. Jedoch, auf jede Bemerkung darüber reagierte er schroff und abweisend.

Am nächsten Tag begleiteten wir das junge Ehepaar zum Flughafen, sie flogen in ihre Hochzeitsreise. Etwas nachdenklich schaute ich ihnen nach, ob sie wohl glücklich werden, dachte ich?

Einige Tage später flog ich zurück nach Deutschland. Die emotionalen Wogen in meinem Leben haben sich etwas geglättet, ich war glücklich, eine so große Familie zu haben, der lange Kampf um Horst hat sich gelohnt.

Im Verband deutscher Musikschulen hatte ich immer noch eine gute Position. Jedes Jahr kam der Wirtschaftsprüfer, um die Buchhaltung zu prüfen. Über die Jahre kannten wir uns, als er mich fragte, warum ich mich nicht selbstständig mache, ich sei doch hier unterfordert. Ich war ganz erstaunt, es stimmte zwar, meine Arbeit war zur Routine geworden. Dieser Gedanke ließ mich nicht mehr los, bis ich mich entschloss, meine Position zu kündigen, um den Schritt in die Selbstständigkeit zu wagen.

So begann eine sehr bewegte Zeit, mein Ziel war, ein eigenes Buchhaltungsbüro aufzubauen. Oft musste ich wegen erfolgloser Werbung sehr hart um meine Existenz kämpfen, bis ich ein gutes Mandat bekam, eine große Firma mit Übernahme der gesamten Buchhaltung und Löhnung. Ich hatte Glück und konnte mein Büro mit allen dazu gehörenden Geräten und Programmen einrichten. Mit viel Energie, Durchhaltevermögen und Selbstvertrauen musste ich an meinem Ziel festhalten. Eine starke Lebenszeit, ich habe diesen Schritt in die Selbstständigkeit nie bereut.

Mit Horst gab es immer wieder Telefonate, als er eines Tages sagte, dass er mit Sheila eine Woche nach Deutschland kommt. Welch eine Freude für uns alle, wir bereiteten uns auf ihr Kommen vor. Wieder kam Horst mit seinem Cowboyhut vom Flieger, Sabine und ich waren am Düsseldorfer Flughafen, fröhlich begrüßten wir uns. Sofort sah ich wieder bei Horst die tiefen Ringe unter den Augen.

Eine sehr bewegte, intensive Woche erlebten wir zusammen. Mir fiel auf, wie sehr sich Horst für jeden in unserer Familie interessierte. Ja, dachte ich, mein lieber Horst, du bist doch ein Deutscher geblieben, du liebst zwar deine Heimat Amerika, aber tief in deinem Herzen ist hier deine Heimat. Es berührte mich sehr, ich hatte das Gefühl, Horst ist erst jetzt richtig in Deutschland angekommen. Wir planten zusammen einen schönen Ausflug, als Horst plötzlich wegen fast unerträglichen Magenschmerzen nicht aufstehen konnte. Er lehnte jede ärztliche Hilfe ab und nahm ein sehr starkes Medikament. Nach einigen Stunden ging es ihm besser.

Meine Wahrnehmung war voller Angst und Sorge. Ich beschwor Sheila, dass Horst in Amerika sofort zum Arzt geht, sie sagte, dass er diese Schmerzanfälle schon fast zwei Jahre hat. Außerdem erzählte sie mir, dass Horst diese Reise nach Deutschland ganz kurzfristig beschlossen hat. Dass es ihm ganz wichtig war, seine Familie hier zu sehen. Sie versprach mir, sofort aus Amerika Bescheid zu geben. Horst ließ sich nichts mehr anmerken und wir hatten die letzten Tage noch eine sehr schöne Zeit.

Wieder ein Abschied am Flughafen, Horst ging mit Sheila durch die Kontrollen, mir liefen die Tränen über das Gesicht, er kam zurück, nahm mich fest in die Arme. „Ach Mutti", sagte er nur, ich spürte, er meinte damit alles, aber auch alles, was wir gemeinsam erlebt haben, er ging zurück durch die Kontrollen, drehte sich noch einmal um, ich sah ihm nach, dann war er verschwunden. Ich fühlte, dieses „ach Mutti" war ein besonderer Abschied, war Ausdruck unserer Schmerzen, der Verbundenheit, des Verzeihens, des Verstehens! Mein Herz wurde ganz schwer und war tief bewegt.

Ich wartete auf Nachricht von Sheila aus Amerika, aber es kam keine, auch konnte ich Horst nicht telefonisch erreichen.

So vergingen vier lange Monate, als Sabine mit verweinten Augen zu mir kam: „Mutti, du musst jetzt ganz stark sein." Ich schaute sie an, ich ahnte, was sie mir jetzt sagen wird, sie legte den Arm um mich: „Horst ist in dieser Nacht gestorben. Sheila hat mich angerufen, er hatte Magenkrebs!"

Ich brach zusammen, ein hoffnungsloser Weinkrampf schüttelte mich, immer wieder hatte ich diese dunkle Ahnung. Alles Licht in mir war erloschen, alles stand plötzlich still.

Ich konnte und wollte es nicht fassen, warum, rief meine innere Stimme, um Gottes Willen, warum?

***

Kapitel 12

Die Suche nach dem Sinn, neue Aufgaben, Studium „Freunde der Erde"

Ich konnte das Leben nicht mehr verstehen. Die Trauer um meinen Sohn ist tief in meiner Seele. Wie in einem Krampf erledigte ich ganz automatisch meine Aufgaben. Mein Buchhaltungsbüro war durch gute Mandanten gefestigt, aber ich empfand keine Freude mehr. Lange Zeit konnte ich es nicht glauben, dass Horst nicht mehr bei uns war. Bis ich immer intensiver an Sheila und meine Enkelkinder in Amerika denken musste.

Ich buchte einen Flug, sie warteten auf mich, traurig und weinend schlossen wir uns in die Arme. Es tat mir gut zu spüren, wie sehr wir verbunden sind. Stundenlang saßen wir zusammen, sie erzählten mir alles, was geschehen war. Ein Gefühl der Liebe erwachte in mir, mein Sohn Horst war mir nahe, meine innere Starre löste sich, ich spürte wieder das Leben.

Ich fühlte, wie sehr Horst hier fehlte, er war die starke Mitte in seiner Familie. So konnte ich noch einmal Abschied nehmen von meinem Sohn. Traurig, aber dankbar flog ich wieder nach Deutschland, diese Reise war für uns alle unglaublich wichtig.

Es war für mich ein Aufstehen aus dem Dunkel, es war die Wahrnehmung, dass mich meine Familie brauchte. Die Trauer wird niemals enden, aber das geschenkte, weitere Leben wurde mir wieder bewusst. Ich fing an, Freude an meiner Arbeit zu finden, spürte in mir einen starken Drang mein Leben bewusster wahrzunehmen.

Die Fragen nach Krankheit und Gesundheit beschäftigten mich immer intensiver. Ich suchte nach Erklärungen und neuen Erkenntnissen. Mit der Post bekam ich immer viel Werbung und Reklame, die ich gewohnter Weise in den Papierkorb warf.

Jedoch, einmal wurde ich aufmerksam, ich las: „ALH-Akademie für ganzheitliches Leben und Heilen", nahm es aus dem Papierkorb, es war ein Angebot für verschiedene staatlich anerkannte Fernstudien. Interessiert las ich die vielen Möglichkeiten, begeistert entschied ich mich für das dreijährige Studium „Gesundheitsberater". Dieses Studium war genau das, worauf ich gewartet habe.

Es gibt ja keine Zufälle, heute weiß ich, alles, was uns im Leben begegnet, hat seine Bedeutung.

Eine große Studienarbeit erwartete mich, aber es war mir ein Bedürfnis, der Inhalt entsprach meiner Frage: „Warum werden Menschen krank und was sind die Ursachen?"

Es war im Sommer 1997 und im Jahr 2000 bestand ich meine Prüfung. Der Aufbau und die geistige Übermittlung des Studiumstoffes entsprachen meinem Wunsch, das Leben besser verstehen zu können, unsere Möglichkeiten zu erkennen und sie zu nutzen.

Ein zweites Studium beim ALH „Persönlichkeitsentwicklung, Geistestraining" gab mir die Gelegenheit, NLP-Kommunikation zu erlernen. Diese intensive Studienarbeit war in dieser, meiner Lebenssituation wichtig, es war der Weg zur Erkenntnis, dass nur wir selbst die Werte unseres Lebens erkennen und verwirklichen können.

Mir wurde klar, welche elementare Kraft die Liebe in unserem Leben ist, wenn wir sie suchen, verstehen und weitergeben. Eine große Bereicherung wurde mir durch dieses Studium zuteil. Ich erkannte und wurde mir bewusst, dass wir die Möglichkeit zu unserer persönlichen Weiterentwicklung haben, dass wir ein großes, ungenutztes Potential in uns tragen, was nur darauf wartet, durch unsere aktive Lebensenergie verwirklicht zu werden.

Nur eine große Sorge begleitete mich laufend weiter!
Der Klimawandel!

Die Umweltzerstörungen, der CO_2-Ausstoß, die Erderwärmung, der Anstieg des Meeresspiegels nehmen spürbar bedrohliche Formen an.

Seit der Wahrnehmung der kahlen, abgestorbenen Bäume, damals im Urlaub in Kalifornien, beobachte ich diese Entwicklung.

Ich denke an die Kinder, Enkel, Urenkel und alle Nachfahren mit der Frage, wie werden sie wohl leben können, in Folge dieser rücksichtslosen Zerstörung unserer Lebensgrundlagen, der Ausbeutung der Natur zu Gunsten des Kapitalismus? Wo werden ihre Ideale und die Verwirklichung ihrer Wünsche bleiben, wo die Liebe zu den Tieren, den Wäldern, den Blumen? In welcher Welt werden sie ihr Leben entfalten können, wenn nicht geborgen in den Gesetzmäßigkeiten der Natur und Schöpfung, – der Liebe, des Mitgefühls, der Hilfsbereitschaft, der Dankbarkeit, des Vertrauens und dem Mut zur Wahrheit?

Brennende Fragen, die mich nicht mehr loslassen wollen!

Ich gründete einen kleinen, gemeinnützigen Verein „Freunde der Erde" Umweltschutz aktiv.

Bis heute versuche ich mit den Freunden einen kleinen Beitrag zu leisten, in dem Bemühen, unseren wunderschönen Planeten und unser Leben zu schützen und zu erhalten.

Nachfolgendes Gedicht soll die Sinngebung unserer Arbeit darstellen:

Ruf der Erde!

Du, Mensch, warum verletzt du mich so sehr,
warum stirbt das Leben in meinem Meer?
Millionen Jahre, so bin ich geworden,
damit du dich fühlst in mir geborgen,
ich schenke dir alles, was du brauchst,
zum Leben, zu deiner Freude auch!

Doch du zerstörst mich immer weiter,
du glaubst, dass du wirst damit reicher?
Wohin jagst du mit deinen Sinnen,
halt ein, fang endlich an, neu zu beginnen,
zu sehen, zu fühlen des Schöpfers Plan,
damit ich zieh'n kann meine Bahn,
mit dir, weil wir zusammen geschaffen sind,
die Wunder der Schöpfung gemeinsam zu leben,
mehr kann uns Gott doch wirklich nicht geben!

Wach auf, erkenne die Schönheit, das Leben,
denn bald kann ich dir nicht mehr vergeben!
Zerstör mich nicht weiter, fang an mich zu lieben,
dann wird das Leben, die Liebe, der Glaube siegen!

U.M.

***

Kapitel 13

Reiner's Leben, seine Familie, seine Einsamkeit, sein Tod!

Wieder einmal, wie schon so oft, sitze ich in meinem Auto und fahre auf der Autobahn A1 Richtung Trier nach Waxweiler in die Eifel, zu meinem Sohn Reiner und seine Familie.

Sehr viel Erfreuliches, aber auch Dramatisches hat sich in seinem Leben ereignet.

Ich denke zurück, als Horst spontan eine Woche nach Deutschland kam, um seine Familie zu sehen. Es war das letzte Mal in seinem Leben. Ich wusste, das Wichtigste für Horst war, seinem Bruder Reiner nahe zu sein, um eine Brücke zu bauen, eine Brücke, die Zeit der Trennung von seinem Bruder auszufüllen, um ihn näher kennenzulernen. Aber es war beiden nicht möglich, diesen brüderlichen Kontakt herzustellen.

Es lag, nach meinem Empfinden, nicht nur an Reiner, der seine Seele nicht öffnen, seine Gefühle nur begrenzt zeigen konnte, denn auch Horst konnte seine Zurückhaltung nicht überwinden und war der Situation nicht gewachsen. So haben die beiden Brüder es nicht geschafft, sich brüderlich zu verbinden.

Ich denke an den letzten Besuch, ich fuhr zusammen mit Horst und Sheila nach Waxweiler zu Reiner, es war ein sehr kühles Zusammentreffen mit einem befremdlich, höflichen Abschied der Brüder voneinander.

Der Tod von Horst hatte nun endgültig beide voneinander getrennt.

Meine Gedanken beschäftigen sich immer intensiver mit Reiner und seinem Leben.

Nach der Scheidung von Marlene lernte er Monika kennen und sehr bald waren sie verheiratet. Es hatte sich die kleine Susi angekündigt. Alle erwarteten freudig das Baby, jedoch, das Schicksal hatte ein etwas behindertes Kind für das Leben vorbereitet. Susi war aber dafür ein berührendes kleines Menschlein, mit großen, staunenden Augen und einem immer freundlichen Lächeln.

Reiner liebte dieses Kind über alles, er hatte sich immer mit einem fröhlichen Augenzwinkern mit seinem Kind verständigt. Die kleine Susi ist mit 18 Monaten wieder aus dieser Welt gegangen. In ihren letzten schwachen Lebensstunden hat sie sich noch einmal mit einem Augenzwinkern von ihrem Papa verabschiedet.

Reiner hat den kleinen weißen Sarg durch das Dorf zum Friedhof getragen, ein Bild, welches ich niemals vergessen werde.

Nach einer Zeit der traurigen Erschütterung kam das Glück wieder zurück, Reiner und Monika schenkten drei gesunden Kindern das Leben. Meine Schwiegertochter hatte aus erster Ehe zwei Kinder, Reiner adoptierte sie beide, was mich sehr berührte, war es doch eine Geste, die mit seiner eigenen, väterlich zurückgewiesenen Kindheit auch in Verbindung stand. So hatte Reiner eine Großfamilie!

Für das Fuhrunternehmen, was er von seinem Schwiegervater übernommen hatte, kaufte er einen Lkw und hoffte auf eine berufliche Zukunft. Jedoch, es traten Veränderungen ein, ein großer Auftragskunde verließ den Eifeler Raum, Reiner verlor die größte Einnahmequelle im Geschäft. Mit Kleinaufträgen versuchte er sich über Wasser zu halten, es gelang ihm nicht, er musste das Unternehmen schließen.

Er besann sich wieder auf seinen Beruf als Versicherungskaufmann. Mein Buchhaltungsbüro war mit verlässlichen Mandanten gesichert, so hatten wir eine gute Voraussetzung für eine Zusammenarbeit, zumal Reiner auch im Buchhaltungsbereich noch dazu lernen wollte. Wir mieteten zusammen ein Büro in Meckenheim, Reiner erweiterte seine Versicherungstätigkeit, wir konnten unsere beiden Berufe gut miteinander verbinden. Reiner machte Karriere, er war vertrauenswürdig, charmant und wurde schnell zum

Bezirksleiter einer großen Versicherung. Wir hatten zusammen so viel Arbeit, dass die normale Arbeitszeit nicht ausreichte und wir manchmal auch Wochenenden einbeziehen mussten. Im freien Beruf ist diese Aufbauarbeit überaus wichtig.

Reiner verdiente gutes Geld, wurde aber von seiner Versicherung mächtig unter Druck gesetzt. Ich bemerkte, dass ihm das „viele Geld verdienen" einerseits gut tat, andererseits ihn aber eine große Unruhe erfasste. Sehr oft kam er schon nervös und gereizt am Montag von Waxweiler in das Büro. Ich beobachtete, dass es zu Hause mit meiner Schwiegertochter Auseinandersetzungen gab, sie konnte, so berichtete Reiner, nicht viel Verständnis für die zusätzliche Arbeitszeit aufbringen, die wir aber dringend benötigten.

Reiner und ich hatten ein sehr gutes Einvernehmen in unserer Zusammenarbeit gefunden, es hat mir viel Freude gemacht, mit ihm zu arbeiten. Immer wieder musste ich über seinen Humor lächeln, wobei er seinem Vater sehr ähnelte.

Ich wohnte in einem großen, schönen Mietshaus, der Hausmeister, ein nettes Ehepaar, kam mal wieder total sonnengebräunt aus dem Urlaub. „Wo kommen sie denn eigentlich jedes Jahr her?", fragte ich.

Er lachte und sagte: „Aus Spanien, das können Sie auch haben!" Er zeigte mir Bilder von einer wunderschönen Anlage mit vielen unterschiedlichen Immobilien. Ich war begeistert, machte mir sonst keine Gedanken und doch ließen mich die Bilder nicht mehr los. Da fiel mir ein, dass ich einen zuteilungsreifen Bausparvertrag von 30.000,- DM habe. Auf einmal drängte sich in mir immer mehr der Wunsch auf, nach Spanien zu fliegen. Ich ahnte damals nicht, dass sich mir damit eine ganz neue Lebensdimension eröffnete.

Meine Tochter Sabine begleitete mich, wir flogen nach Alicante, 60km südlich lag diese schöne Urbanisation. Diese Reise war schon allein ein schönes, abenteuerliches Erlebnis. Ein herrlicher weißer Strand, klares blaues Meer, dahinter traumhaft schöne Dünen und Pinienwälder, die strahlend, wärmende Sonne, ein kleines Paradies.

Trotzdem ging ich mit ziemlichen, inneren Abstand an die mir angebotenen Immobilien heran. Appartements, Bungalows und Häuschen, alle wunderschön gepflegt und ausgestattet, aber ich fand zu allen keinen richtigen Zugang. Am nächsten Tag wollte ich es beenden, als mir noch einmal eine Bungalowreihe gezeigt wurde.

Am Rande der Urbanisation, auf einem Berg mit Blick in das weite Land, eine kleine Immobilie mit einem länglichen Garten davor, einer großen Terrasse, zwei Schlafzimmern, Wohnraum, Küche, Duschbad, irgendwie fühlte ich mich gut. Sabine stand auf der Terrasse. „Mutti, das ist es doch für dich", sagte sie, ich schaute sie an, sie war so überzeugt, wie gut mich meine Tochter doch kennt, dachte ich. Wie ein kleiner Tsunami stieg es in mir hoch, plötzlich sah ich uns hier, jeden Sommer in diesem Urlaubsparadies. Eine riesige Freude erfasste mich. Im Informationsbüro erlebten wir eine seriöse, sehr freundliche Verkaufsatmosphäre, meine Entscheidung, diesen kleinen Reihenbungalow zu kaufen, wurde Realität.

Glücklich flog ich mit Sabine nach Hause, mit dem Kaufvertrag in den Händen. Wir hatten ein neues zu Hause im sonnigen Süden!

Im Sommer des nächsten Jahres fuhr ich mit Sabine und Renate mit dem Auto nach Spanien, um unseren Bungalow einzurichten. Wir waren glücklich, Renate pflanzte einen Zitronenbaum, Sabine einen großen Kaktus. Mit den Rädern fuhren wir durch die Orangenplantagen an das Meer, es war Freude und Entspannung pur! Auch Reiner fuhr mit seiner Familie gerne in unseren Bungalow in die Ferien.

In unserem Büro lief trotz allem Zeitdruck alles gut, wenn auch Reiner manchmal sehr müde und angestrengt wirkte. Eines Morgens, wir arbeiteten zusammen im Büro, ging an Reiners Schreibtisch das Telefon. Reiner nahm nicht ab, ich sah, wie nervös er war, er fing an zu zittern. Ich erledigte das Telefonat, Reiner hatte einen totalen Nervenzusammenbruch. Weinend und flehend sagte er: „Mutti, ich kann nicht mehr, sei mir nicht böse, aber ich muss sofort aufhören." Ich erkannte, er war nicht mehr in der Lage zu arbeiten, er konnte keine Verhandlungen, keine Telefonate mehr führen. Ich machte ihm den Vorschlag, drei Wochen zu pausieren. Davon wollte er nichts wissen, er packte seine Sachen aus dem Schreibtisch und verließ das Büro. Er kam nicht wieder, Reiner und meine Schwiegertochter zogen sich zurück, ich war mal wieder fassungslos!

Ohne die Zusammenarbeit mit Reiner war ich nicht in der Lage, für unser Büro die hohe Miete zu zahlen, den Mietvertrag konnte ich aber nur halbjährig kündigen. Ich wusste plötzlich auch nicht mehr weiter, eine Lösung war nicht in Sicht. Da erinnerte ich mich an Spanien, inzwischen war ich mit der Geschäftsleitung der Urbanisation in einem sehr guten Kontakt. Einmal wurde an mich die Frage gestellt, ob ich in Deutschland für sie als Immobilienmaklerin arbeiten könnte. Der Gedanke war damals für mich ziemlich abwegig, aber nun dachte ich daran, warum eigentlich nicht? Vielleicht ist dies eine gute Chance.

Ich buchte einen Flug, bei den Verhandlungen merkte ich, dass es mir großen Spaß machte, in den halbfertigen Immobilien herumzusteigen. Diese sehr eleganten Appartements, Häuser und Bungalows mit den wunderschönen Anlagen bewirkten in mir eine große Begeisterung und Motivation, ich stieg in dieses Geschäft ein!

Glücklich flog ich mit einem Vertretervertrag nach Hause. Ich beantragte sofort den amtlichen 34c-Maklerschein mit der Genehmigung, Immobilien zu vermitteln und zu verkaufen.

Es war wie ein Traum, eine turbulente Zeit begann für mich. Ich ging in die Werbung, organisierte Ausstellungen, wofür ich aus Spanien mit Provisionsvorauszahlungen finanzielle Hilfestellung bekam. Es dauerte lange vier Monate, viel Ausdauer und Durchhaltevermögen waren nötig, bis ich wirklich den ersten Interessenten in Spanien einführen konnte. Mein Herz schlug auf Hochtouren und tatsächlich, es wurde mein erster Verkaufserfolg.

Ich hatte den Anfang gefunden, aber auch meine ersten Erfahrungen in diesem Geschäft gemacht. Weiterhin hatte ich Glück und eine hohe Verkaufsquote, ich war aus meinen finanziellen Sorgen gerettet.

Reiner hatte eine schwere Zeit, sich neu zu orientieren, er wagte sich nicht mehr in seinen Beruf und übernahm einen Job als Fernfahrer, um für seine Familie zu sorgen. Er arbeitete sich in diesen Beruf ein und bekam sehr bald Fahrten in das weite Ausland. So war er sehr oft wochenlang unterwegs, sein Leben bewegte sich Tag und Nacht auf den Fernstraßen, ein unruhiger, anstrengender Job, aber auch ein einsamer Weg! Nur für kurze Zeiten konnte er zu Hause bei seiner Familie sein.

Reiner beobachtete schon lange interessiert meine Geschäfte in Spanien. Eines Tages erfuhr ich, dass er nach Spanien geflogen war, um ebenfalls einen Vertrag zum Immobilienverkauf zu bekommen. Die Chefin fragte ihn: „Haben Sie das mit Ihrer Mutter besprochen?" Er sagte, dass wir beide unterschiedliche Berufswege gehen. So versuchte er es in diesem Geschäft und glaubte, dass er hier viel Geld verdienen kann.

Reiner entfernte sich immer mehr von seiner Familie, das Immobiliengeschäft gelang ihm aber nicht, er verlor jeden inneren Halt!

Ich war sehr traurig darüber.

Meine Schwiegertochter war mit den Kindern allein und sehr unglücklich. Jedes Wochenende fuhr ich zu ihr und den Kindern, um etwas Hilfe und Beistand zu geben.

Reiner und Monika aber waren durch ihre große Liebe miteinander verbunden, sie hatten doch schon so viele gute und schlechte Zeiten zusammen getragen, so siegte die Liebe. Reiner fand wieder zurück zu seiner Familie. Meine Schwiegertochter sagte später zu mir: „Mutti, ohne deinen Beistand hätte ich diese Zeit nicht geschafft!"

Voller Sorgen aber beobachtete ich bei Reiner eine große Unruhe und Nervosität, wieder einmal war sein berufliches Bemühen fehlgeschlagen!

Als erfahrener Fernfahrer bekam er immer wieder schnell einen Job, so sprang er letztlich wieder auf den Lkw. Wenn ich nach Spanien fuhr und auf der Autobahn die riesengroßen Laster sah, dachte ich immer an Reiner, wo er wohl gerade jetzt auf diesen endlosen Straßen war?

Die Jahre vergingen, Reiner wurde ein einsamer Mann, er lebte Tag und Nacht in seinem Lkw auf den Straßen in irgendeinem Land! Meine Schwiegertochter versorgte ihn für seine nächsten Fahrten, aber die langen Trennungen waren für beide nicht gut.

Mit dem Alleinsein am Lenkrad waren nur die Raststätten an den Fernstraßen für Reiner die einzige Ablenkung. Eine allgemeine Fernfahrersucht lösten die Spielautomaten aus.

Diese wurden Reiner zu einem großen Problem, er konnte daran nicht vorbeigehen und verspielte laufend sehr viel Geld. Das waren große Sorgen für meine Schwiegertochter. Sie übernahm immer mehr Arbeit, um die finanziellen Schwierigkeiten zu überwinden. Aber sie stand zu Reiner. Er arbeitete Tag und Nacht und versuchte, seine Spielschulden zu bewältigen. So kämpften sich beide immer wieder durch.

Wie sehr erinnerte mich dies alles an Willi, seinen Vater, meine große Jugendliebe, die sich so schicksalshaft entwickelt hatte. Aber die beiden schafften es, Reiner bekam nun schon graue Schläfen, das Leben hat ihn geschüttelt, das sah man ihm an.

Meine Autofahrt nach Waxweiler war mir so bekannt, dass ich mir diese gedanklichen Ausschweifer erlauben konnte. Ich fuhr in das kleine Dorf hinein und stand vor ihrem Häuschen. Reiner öffnete, jedes Mal fühlte ich ihn in meinem Herzen, sein Leben berührte mich sehr. Aber ich zeigte es nicht, waren doch meine Kinder erwachsen geworden, sie haben das Recht, ihr eigenes Leben zu leben.

Ich bemerkte mit der Zeit immer mehr, wie wortkarg Reiner geworden ist, wie sich auch meine Schwiegertochter zurückzog. Es dauerte oft eine ganze Weile, wenn ich neben Reiner in der Wohnküche saß, bis er sich etwas öffnete und von seinen Erlebnissen erzählte.

All die Jahre habe ich versucht und ihn immer wieder gebeten, wie auch damals bei Horst, mit ihm über seine Kindheit zu sprechen. Er war ja noch so klein und konnte vieles nicht wissen. In seiner Jugend musste er dann erkennen, dass sein Vater nichts von ihm wissen wollte, noch nicht einmal als er starb, hatte er seinem Sohn einen Gruß hinterlassen.

Eine Tragik kam noch dazu, Reiner wollte als junger Mann nach Amerika fliegen, um seinen Vater kennenzulernen, er hatte die Reise schon geplant, als sein Vater in dieser Zeit an Lungenkrebs starb. Ich ahnte, was in Reiner vorging, bat ihn oft um ein Gespräch, ich wusste, dass es ihm und seiner Familie geholfen hätte. Ich bekam keine Gelegenheit dazu!

So saß ich nun wieder einmal neben Reiner und versuchte die wenigen Kontakte zu erhalten. Auch an meine Schwiegertochter kam ich nicht mehr heran. Traurig bemerkte ich bei beiden eine große Lebensenttäuschung, die sie belastete.

Reiner war sein Leben lang Kettenraucher, sehr besorgt beobachtete ich seine schwindende Gesundheit, aber ich durfte nichts sagen, sonst kam sofort die Zurückweisung.

Eine schlimme Ahnung stieg in mir auf! Kaffee und Zigaretten jeden Tag in großen Mengen, das kann doch nicht gut gehen! Ich wusste, Reiner hat in seinem Herzen noch ein großes Problem, er verdrängte es mit einer Härte gegen sich selbst und andere.

Aus seiner ersten Ehe mit Marlene hatte er einen Sohn, der kleine Roland, er lebte nach der Trennung bei seiner Mutter. Roland ist mein erstes Enkelkind, er war ein aufgeweckter Junge mit lebhaften, fröhlichen Augen. Er war oft bei mir in Windhagen und spielte gerne in unserem großen Garten.

Meine Schwiegertochter hatte nach kurzer Zeit wieder geheiratet, ich dachte beruhigt, dass Roland nun wieder eine Familie hat. Diese Ehe aber hielt nur kurz, dann war Marlene wieder allein.

Zwischen Reiner und meiner Schwiegertochter war wegen der Unterhaltszahlungen ständiger Streit. Der Kontakt meines Enkels zu seinem Vater wurde dadurch gestört. Als ich Reiner darauf ansprach, sagte er, er wolle die Kindheit von seinem Sohn nicht belasten. Ich wollte und durfte mich in diese Spannungen nicht mehr einmischen.

Reiners unruhiges Leben und die unsicheren beruflichen Situationen spielten sicher hier auch eine große Rolle.

Nur eines war für Roland eigentlich noch viel schlimmer als die unregelmäßigen Zahlungen, es war nicht möglich, dass Roland zu seinem Vater und dessen Familie Kontakt hatte. Warum auch immer, es warf große Schatten auf seine Kindheit. Die Verbindung zu meinem Enkelkind wurde seltener, auch in Gesprächen mit meiner Schwiegertochter konnte ich nicht vermitteln.

Reiner war darauf nicht ansprechbar, aber ich wusste, er hatte ein Problem, mit seinem Sohn Kontakt zu bekommen. Marlene sorgte für Roland und tat alles für ihn. Er ging auf das beste Gymnasium, sie ließ ihn studieren, nur die Unversöhnlichkeiten seiner Eltern waren für Roland schwer zu ertragen. Seine Intelligenz wurde gefördert, aber seine Seele vermisste den Vater.

Die Jahre vergingen, Roland wurde Schriftsteller und hat großen Erfolg. Lange hatte ich von meinem Enkel nichts gehört. Ich bat Marlene um die Adresse, sie konnte sie mir nicht geben. Ich machte mir Sorgen um Roland und fing an ihn zu suchen. Dafür benötigte ich von Reiner als Vater die Einwilligung. Als ich ihn darauf ansprach, wunderte ich mich, er gab mir sofort die schriftliche Bestätigung dafür, es war ihm recht, dass ich mit Roland Kontakt aufnehme.

Nach langen Bemühungen mit verschiedenen Ämtern konnte ich ihn finden. Endlich hatte ich die Möglichkeit, mit ihm in E-Mail-Kontakt zu kommen. Ich lerne nun meinen erwachsen gewordenen Enkel näher kennen und bin ganz glücklich darüber.

In Gedanken betrachte ich dieses unglaublich vielgestaltige Leben, wie jeder Mensch seinen eigenen Kosmos lebt, ja, leben muss! Jeder bekommt seine ganz persönlichen Herausforderungen, um seinen individuellen Platz zu finden, in diesen großen Dimensionen des Lebens. So ist es für jeden, aber besonders für einen jungen Menschen das Allerschlimmste, den Verlust der Liebe zu erfahren. Die Liebe ist und bleibt unsere stärkste Lebensenergie, nur mit ihr können wir Frieden schließen, mit uns selbst und mit unseren Mitmenschen. Ohne Liebe aufzuwachsen bedeutet, eine schwere Arbeit an uns selbst in dem Bemühen, diese Liebe trotzdem zu suchen und zu finden!

Reiner war nun über 60 Jahre, er fühlte sich nicht mehr stark genug für diesen schweren Beruf. Seine Energie ließ plötzlich nach, er musste aufgeben.

Ich sah meinen Sohn mit seinem bewegten Leben, sah ihn einsam mit sich selbst, seine wichtigen Lebensimpulse behielt er in seiner Seele verschlossen, ich fühlte und verstand ihn, aber ich durfte nicht helfen, das machte mich traurig.

Er ging zum Arzt – Diagnose „Lungenkrebs"!

Ich drohte innerlich zu zerbrechen. Meinen zweiten Sohn dem Tod überlassen? Alles in mir bäumte sich auf, mein einziger Gedanke, das darf nicht sein!

Ich stellte Reiner ein Programm zusammen, Ernährungs- und Lebensweisen, die ganz leicht im täglichen Leben möglich sind, alle krebshemmend und dieser Krankheit entgegenwirkend. Jedoch, noch viel wichtiger, seine Seele und seine Psyche waren so belastet, Reiner konnte nicht entspannen.

Als mein Sohn Horst an Krebs erkrankte, befasste ich mich intensiv mit der Bedeutung, Entstehung und den Ursachen dieser Krankheit. Ich studierte Fachbücher für molekulare Medizin, erforschte die Ganzheitlichkeit des Menschen an Körper-Seele-Geist.

Nach zwei Jahren intensiven Studiums kam ich zu dem Ergebnis: Krebs ist die letzte Warnung des Körpers. Viele Jahre müssen vorangegangen sein, durch eine falsche Lebensweise, gegen unsere Körperfunktionen und gegen uns selbst. Ich erkannte, warum unsere Körperzellen schwach und widerstandslos werden, dass der Mensch mit dieser Krankheit selbst etwas zu tun hat. Eine nicht befreite Seele zieht sich immer intensiver zusammen, befindet sich in einem ständig sich verstärkenden Krampf, der sich dann letztlich auf den Körper überträgt.

Reiner kämpfte zwei Jahre mit dieser Krankheit, er ertrug diese quälenden Therapien, keiner konnte ihm helfen. Seine Familie war immer für ihn da und begleitete ihn.

Ich versuchte ihm näherzukommen, es war alles sehr schwer. Ich informierte seinen Sohn Roland, er hatte seinen Vater jahrzehntelang nicht gesehen und hatte gegen ihn eine verzweifelte Form von Ablehnung entwickelt.

Nun lernte ich meinen Enkel mit seiner großen Sensibilität kennen. Er war unsicher und erschüttert, aber bereit, seinen Vater zu besuchen. Aber er brauchte dazu die Bestätigung seines Vaters, dass er es auch will.

Ich bestellte Reiner die Grüße von Roland, er war schon sehr schwach, aber grüßte seinen Sohn zurück. Ich spürte, diese Grüße kamen aus seinem Herzen. Ich fuhr von Waxweiler nach Hause, war zutiefst bewegt, aber ein gutes, großes Gefühl entwickelte sich in mir, Vater und Sohn haben sich versöhnt, eine persönliche Begegnung war nicht mehr möglich, aber aus der Entfernung war diese Brücke des Friedens entstanden. Mein Enkel Roland hat zwar beruflichen Erfolg, aber ich wusste, auch bei ihm haben seine Kindheitserlebnisse tiefe Spuren hinterlassen.

Ich war erschüttert, wie sehr ihn die Tatsache der todesnahen Krankheit seines Vaters bewegte. Über die vielen E-Mails zwischen Roland und mir konnte ich wahrnehmen, wie intensiv sich hier seelische Belastungen bei Vater und Sohn aufgebaut haben. Nun, im Sterbeprozess seines Vaters, konnten sich beide über ihre Gedanken versöhnen.

Die älteste Tochter von Reiner, Kristine, rief mich in der Nacht an und sagte: „Oma, Reiner ist für immer eingeschlafen!"

Am nächsten Vormittag fuhr ich mit meiner Tochter Sabine in das Prümer Krankenhaus, um mich von meinem Sohn zu verabschieden. Ich saß lange bei ihm, nahm seine kühle Hand in meine Hände und versuchte, ihm meine Wärme und Liebe auf seine lange Reise mitzugeben. Seine Hand erwärmte sich wirklich, ich war ihm ganz nahe.

Gott hat ihn erlöst und nahm ihn zu sich!

Wieder zog das gemeinsame, bewegte Leben mit Reiner an mir vorbei. Es war sicher die schwerste Stunde meines Lebens, auch von meinem zweiten Sohn Abschied zu nehmen.

Als ich mit Sabine den Raum verließ, musste ich mich an die Wand lehnen, als eine sehr liebe Schwester zu uns kam, sie hatte Reiner die ganzen Wochen und Monate betreut und erzählte von ihm, wie sehr er das Bedürfnis hatte immer wieder über sein Leben mit ihr zu sprechen. Sie sagte, dass sie ihm stundenlang zuhörte und auch in ihrer Freizeit für ihn da war, dass er sehr oft von seinem ältesten Sohn sprach, von seiner ganzen Familie und auch von seiner Mutter, die im hohen Alter noch so aktiv ist. Ich traute meinen Ohren nicht, ich erzählte ihr von dem Zerwürfnis von Vater und Sohn und der Versöhnung kurz vor seinem Tod. Auch sie war ganz erstaunt, sie sagte, es hörte sich aber so an, als ob Roland mitten in der Familie war.

Ich nahm die Schwester ganz lange in meine Arme. „Sie wissen gar nicht, wie sehr Sie mir mit diesem Gespräch geholfen haben", sagte ich zu ihr.

Es berührte mich ganz tief, was ich da hörte, ich musste noch lange darüber nachdenken. Gott sei Dank hatte Reiner einen Menschen gefunden, dem er sich ganz anvertrauen konnte.

Zutiefst bewegt verließ ich mit Sabine das Krankenhaus, sie war mir in dieser schweren Stunde eine große, liebevolle Stütze.

Langsam konnte ich mich etwas beruhigen. Ich wollte meiner Schwiegertochter und meinen Enkelkindern in diesen Stunden nahe sein, aber es war einfach nicht möglich. Die Entfremdung, die sich in den vergangenen Jahren langsam entwickelte, konnte selbst in diesen gemeinsamen schweren Stunden nicht überwunden werden. Das macht mich sehr traurig, aber ich werde die Hoffnung, ihnen wieder näherzukommen, nicht aufgeben.

Reiner ruht in dem Familiengrab meiner Schwiegertochter.
Mit den Bildern meiner beiden Söhne in meinem Wohnzimmer bin ich ihnen immer nahe.

Der Schmerz um Reiner und Horst ist tief in mir und wird es immer sein. Manchmal glaubte ich, dass ich nicht weiterleben kann, alle Freude war ausgelöscht. Dann aber dachte ich an meine Familie, die mir zur Seite stand. Ich versuchte meine Gedanken und Gefühle in Richtung der großen, unumstößlichen Lebensgesetze zu lenken!

Meine Gebete um die Kraft für das Leben wurden erhört!

Für Reiner, von deiner Mutter!

Nur 63 Jahre, das war dein Leben,
viel Energie hast du gegeben,
kurz warst du vor deinem Ziel,
nach harter Arbeit, fast zu viel,
nun endlich einmal auszuruhen,
um Anderes, Schöneres zu tun!

Doch Krankheit nahm dich nun gefangen,
so mussten wir alle um dich bangen,
Gott nahm dich an seine Hand,
und führt dich in sein friedlich Land!

Ich denke gern an frühere Zeiten,
wir beide mussten das Leben bestreiten,
wir kamen gerade aus fernen Landen,
wir wussten nicht, wo wir wohl stranden!

Du warst aber fröhlich und voller Freude,
wir suchten sehr lange nach einer Bleibe,
doch keiner wollte uns Wohnung geben,
damit wir zusammen können leben!

Dann kamen wir endlich in eine Kaschemme,
da waren wir mächtig in der Klemme,
zusammen ein Bett, 'ne Kiste als Tisch,
so fingen wir an, doch munter und frisch
packten wir beide das Leben an,
wir zweifelten keine Minute daran!

Du warst meine einzige große Freude,
ich denke an dich, besonders nun heute,
so ging unser Leben immer weiter,
stets höher auf unserer Lebensleiter!

Die Sehnsucht nach einem Vater war groß,
warum folgte nur immer Enttäuschung bloß?
Ich wollte dir gerne beides sein,
dann ging'st du in dein Leben hinein!

Du wurdest Vater, siebenmal,
warst das, was dir das Leben stahl,
du liebtest alle deine Kinder,
so warst du Großfamiliengründer!

Viel zu früh bist du von uns gegangen,
wir wünschen dir Frieden in Ewigkeit,
so groß ist um dich die Traurigkeit,
wir wollen dich alle weiter begleiten,
in Frieden gedenken, für alle Zeiten!

31. Oktober 2013

***

Kapitel 14

Die Ernte, das Urvertrauen, die Befreiung!

Meine kleine Wohnung, hoch oben mit Blick in das weite Land, dem Himmel ganz nahe, das ist nun meine Oase! Ich schaue, wie die Wolken ziehen, in immer veränderten Formen nehmen sie ihren Lauf, lassen sie erstrahlen im Sonnenlicht oder werden von dunklen Naturmächten getragen, sie erreichen mein Gemüt.

Dieser Wechsel im Licht und Dunkel, spiegelt es nicht unser Leben?

Auch mein gelebtes Leben zieht an mir vorbei, wo hat es mich hingeführt? Was bedeuten wohl all diese Erschütterungen die mich trafen, was habe ich selbst damit zu tun? Diese Fragen stelle ich mir heute nach den vielen Jahrzehnten meines bewegten, so sehr pulsierenden Lebens!

Mich beschäftigt immer wieder die Frage nach dem Sinn, nach dem Ziel, nach der Bestimmung?

Meine Kinder sind erwachsen geworden. Horst und Reiner haben diese Welt verlassen, aber unsere Seelen sind verbunden, ich bin ihnen in meinen Gedanken nahe. Sabine und Renate haben ihr Leben aufgebaut, wir haben eine ganz besondere Freundschaft zueinander gefunden. Olaf und Michael, die Söhne von Maurits gehen ihren Weg. Olaf hat ein turbulentes Leben, man weiß nie, wo er sich gerade befindet, Michael hat mit Maithe in Spanien eine liebe Frau gefunden, so ist Spanien auch eine Heimat für ihn geworden. Wir haben einen sehr herzlichen Kontakt miteinander.

Jedoch, auch in Verbindung mit meinen Kindern zeigt sich mir ein immer währender Lernprozess, indem wir erkennen können, jeder Mensch geht seinen ganz persönlichen, individuellen Weg.

Auch in den reiferen Jahren, wenn die Anforderungen in Familie und Beruf nachlassen, kommt die Zeit der Besinnung, die Zeit des „auf sich selbst gestellt sein", die Zeit der Ernte, der geistigen Wahrnehmung und das intensive Bewusstsein für unser Sein.

Ein lebenswichtiger Reifungsprozess will sich verwirklichen, soll unserem Leben weitere neue Dimensionen vermitteln. – Dazu gehört das große „Loslassen" von Abhängigkeiten, das große „Frieden schließen" mit Enttäuschungen oder Verletzungen und das „Akzeptieren des Andersartigen".

In meinem weiteren Leben zog es mich immer mehr zu der praktischen Umsetzung meines Wissens aus meinen beiden Studien. Als Gesundheitsberaterin ist mein Schwerpunkt geworden, die Vermittlung in Richtung *ganzheitlicher Gesundheit,* Körper-Seele-Geist in lebensbejahender Weise als Einheit zu sehen und in Balance zu halten. Mit diesem Bestreben erweitern wir unser Bewusstwerden, finden wir immer intensiver zu uns selbst und können die Wunder dieses gesamten Lebens wahrnehmen. Wir finden unsere persönlichen Werte und fangen langsam an, den Sinn unseres Lebens zu verstehen.
Jeder Mensch geht mit seiner einmaligen Lebensbiographie seinen eigenen Weg, mit einer Sehnsucht nach Liebe, Vertrautheit und Harmonie, in unserem Selbst, Halt und Bestätigung zu finden.

Die Straße des Lebens kann beschwerlich, steinig, drohend dunkel sein, dies sind Erfahrungswerte, die unser Leben in Bewegung bringen und uns zu Entscheidungen zwingen, an den Kreuzungen den möglichst richtigen Weg zu wählen.

Die uns von Gott gegebene geistige Freiheit zu nutzen und diese Freiheit auch als Geschenk wahrzunehmen, bedeutet, unsere Anlagen und Kreativität zu beleben. Mit diesen guten Energien können wir unsere Enttäuschungen anschauen, sie loslassen und Frieden schließen.

So denke ich an meine Kindheit, an Li, sie konnte es gar nicht erahnen, was in meiner Kinderseele vorging, was in mir die Entmündigung und der Verlust meiner Mutter bewirkten.

Die Fähigkeit, Liebe zu geben, war ihr jedenfalls mir, dem fremden Kind, gegenüber nicht möglich, sie hat sicher das, was sie konnte, in ihrer Lebenssituation gegeben. Heute muss ich erkennen, dass auch ich sehr wenig von ihrem Lebensweg erfahren habe.

So versuche ich diese Verletztheit meiner Kindheit aufzulösen, ja, ich möchte sie umwandeln in die positive Erkenntnis, dass sich in mir, durch meine Kindheit, ein ganz starker Überlebenswille entwickelte, sicher auch ausgelöst in Erinnerung an meine verzweifelte Mutter.

Mein Leben nahm seinen Lauf, über die Befreiung aus meiner Kindheit, über die Kriegserlebnisse, die Flucht im Kampf ums Überleben, der ersten Liebe zu Willi mit großen, immer wieder neuen Herausforderungen.

Als ich zum ersten Besuch bei Horst in Amerika war, sah ich in seinem Wohnzimmer auf dem Schrank ein großes Foto von seinem Vater. Erschüttert sah ich Willi nach den vielen Jahrzehnten, wenn auch nur im Bild, sah seine traurigen, fast verzweifelten Augen, es berührte ganz stark mein Herz. Sind wir doch gemeinsam eine Strecke unseres Lebens gegangen, mit ihm habe ich große Gefühle von Glück, Enttäuschung und Befreiung erlebt. Ja, Willi, dachte ich, wir mussten beide unsere Lektionen lernen, heute weiß ich, du bist ein ganz wichtiger Mensch in meinem Leben gewesen, du hast am Leben gerüttelt und geschüttelt, hast damit meines mit unseren beiden Söhnen sehr stark beeinflusst.

Ich bemerkte gar nicht, dass Horst neben mir stand, er sah mich fragend an, ich nickte ihm zu, er ahnte wohl, dass mich hier sehr viel bewegte.

Was auch immer in unserem Leben passiert, wir haben einen Teil selbst damit zu tun, wir haben unsere Energie hineingegeben und alle für uns bestimmten Begegnungen in Bewegung gebracht. Eine Erkenntnis, die mir hilft, mein Leben besser zu verstehen. Die Wahrnehmung, dass alles in diesem Dschungel von Licht und Schatten einen Sinn hat, gibt uns die Kraft, das Leben mit seinen Höhen und Tiefen anzunehmen.

Eric nahm nun einen großen Raum ein, wir schenkten unseren beiden Töchtern das Leben, welch ein Glück und eine Freude!

Jedoch, die Energie des Patriarchats, diese dunkle Epoche, bereitete Eric und mir ganz persönliche Auseinandersetzungen, wir haben es beide nicht geschafft, sie zu überwinden. Ein Gedankengruß an Eric, wir lebten zusammen eine schöne Zeit, jedoch, letztlich mussten wir beide unsere seelischen Turbulenzen durchleben.

Meine vier Kinder waren in die Auseinandersetzungen ihrer Eltern mit einbezogen, auch sie haben ihre emotionalen Anteile daran leben müssen, es tut mir sehr leid.

Ich versuchte, ihnen meine Liebe zu geben, ich wusste trotzdem, sie hatten große Herausforderungen zu überwinden. Dafür wollte ich ihnen die schönen, starken, sonnigen Seiten des Lebens zeigen, ihnen die Freude am Leben vermitteln. Die Bewunderung für dieses ganze Schöpfungsgeschehen wuchs in mir, mein Streben war, die Ideale und die positiven Motivationen nicht zu verlieren. Dies versuchte ich meinen Kindern in diesen vielen gemeinsamen Jahren mitzugeben, ich hoffe, es ist mir etwas gelungen.

Eine schöne, harmonische Zeit verband mich mit Maurits, im Älterwerden fühle ich noch heute seine wachsende Abhängigkeit von seinem dominanten Vater, was letztlich unser Leben stark beeinflusste. Aber die gemeinsame Zeit mit unseren Kindern bleibt uns erhalten, eine besondere, harmonische Liebe.

Ich schaue aus dem Fenster, das Abendrot zeigt sein wunderschönes Leuchten, kündigt den zur Neige gehenden Tag!

Sehr oft spüre ich im nahen Wald die Kraft der Natur, ich bewundere die Bäume, ihre belebende Energie im Gesetz des Lebens, einfach in ihrem „Sein"! Mein Blick geht nach oben, in ihre zum Himmel strebenden Wipfel, dem Licht entgegen, ich überlasse mich dem Flüstern des Waldes!
Meine Gedanken sagen – hallo, wir sind Freunde, wir gehören zusammen, wir brauchen uns im gegenseitigen Geben und Nehmen, du gibst mir deinen Sauerstoff für mein Leben, ich gebe dir dafür meinen Atem, das Kohlendioxyd. Du nimmst mir aber nicht meinen Stress und meine Unsicherheiten, sondern du gibst mir Harmonie und Ruhe. Danke dafür, danke für deine bescheidene Selbstverständlichkeit!

Ja, die Gesetze der wunderbaren Schöpfung sind der Quell des Lebens, von Gott erschaffen, sie werden uns niemals enttäuschen, sie sind immer bereit, uns Richtung, Kraft und Motivation zu geben, wenn wir es nur wollen und zulassen!

Ein neuer Tag erwacht, ich sehe wieder in den Himmel, im goldenen Strahlen geht die Sonne auf, sie bringt uns Licht, Wärme und Energie, gibt uns wieder und wieder eine neue Chance zum Erwachen, für das „Ja" zum Leben, für den Impuls,

„dem Leben entgegen!"

***

Danksagung

Meine große Danksagung gilt Frau Dagmar Michel, die mir bei der Entstehung dieses Buches mit Rat und Tat zur Seite gestanden hat. Vor allem ihr unerschütterlicher Glaube an die Werte meines Buches hat mir über manche Krise hinweggeholfen.

Mein Dankeschön geht auch an meine Kinder, meine Enkelin und an liebe Freunde für ihre Anregungen und liebevolle Begleitung.